Mike Hellwig

Traumaheilung durch Radikale Erlaubnis

Mein Leben mit Trauma und meine
Therapie der Radikalen Erlaubnis

(Radikale Erlaubnis Projekt Band 2)

2. überarbeite Auflage 2021

Mike Hellwig, c/o AutorenServices.de, Birkenallee 24, 36037 Fulda

Cover- und Textgestaltung: Monika Orend
Coverbild: Mike Hellwig, Selbstportrait 1992
Autorenfoto: privat
Abbildungen: Mike Hellwig

ISBN-13: 978-1534765832 (CreateSpace-Assigned)
ISBN-10: 1534765832

Mike Hellwig

Traumaheilung
durch Radikale Erlaubnis

Mein Leben mit Trauma und meine
Therapie der Radikalen Erlaubnis

(Radikale Erlaubnis Projekt Band 2)

Bisher vom Autor erschienen:

Sachbuch

Befreie dein inneres Kind *(2007)*

Wie wir uns vom Positiven Denken heilen *(2011)*

Radikale Erlaubnis
Energetischen Missbrauch erkennen und beenden *(2014)*

Traumaheilung durch Radikale Erlaubnis:
Mein Leben mit Trauma und meine Therapie
der Radikalen Erlaubnis *(2016)*

Radikale Kreativität:
Befreie deine schöpferische Energie *(2017)*

Belletristik

Das Rauschen in der Tiefe *(2020)*

Paradise Beach *(2020)*

Hörbuch
gelesen von Mike Hellwig

Radikale Erlaubnis

Das Rauschen in der Tiefe

Paradise Beach

Dieses Buch

„Das, was wir vor der bewussten Wiederbegegnung mit unserem Trauma unbedingt verborgen halten mussten, was niemand von uns je wissen durfte, das bringen wir hervor – und das heilt uns!"

Den Weg aus der toxischen Scham, die jedes Trauma hinterlässt, hat Mike Hellwig in jahrzehntelanger Erforschung gesucht, die Essenz seiner Arbeit legt er nun in diesem Buch vor:

Die Radikale Erlaubnis für alles, was in uns ist.

In dem zweiten Band seines groß angelegten *Radikale Erlaubnis Projekts* geht Mike Hellwig den Schritt vom unterweisenden Therapeuten zu einem Menschen, der sich schonungslos ehrlich offenbart und vollumfänglich zu seiner Verwundung bekennt.

So spricht der bekannte Therapeut offen über seine eigene, von schwerem Kindheitstrauma geprägte Geschichte und zeigt gleichzeitig auf, wie die bewusste Wiedererfahrung unseres Traumas zu einer Aussöhnung in der tiefsten Tiefe mit uns selbst führt.

Der Autor

Mike Hellwig
geboren 1964, wandte sich nach einem Studium der Germanistik der Psychologie zu und entwickelte die „Radikale Erlaubnis".
Seit 2017 widmet er sich verstärkt der Literatur und Malerei.
Er lebt und arbeitet in Hamburg.

Für alle, die gedemütigt wurden

Inhalt

Einleitung

Wenn wir uns dafür anstrengen müssen, herauszufinden, was wir wirklich fühlen, wenn wir nicht in Echtzeit authentisch für uns einstehen können, sondern stattdessen uns von dem abspalten, was wir wirklich erleben, dann sind wir traumatisiert worden. Wir befinden uns im Bann der Scham, die jedes unverarbeitete Trauma hinterlässt.

Von Traumaenergie getroffen worden zu sein, hat eine tiefe Wunde in uns geschlagen: Manche von uns können diese Wunde verdecken und schaffen es, ein normales, angepasstes Leben an der Oberfläche zu führen; bei anderen, wie bei mir, ist diese Wunde so tief, dass wir, wenn wir versuchen, sie zu kompensieren, untergehen.

Wir alle sind davon betroffen, dass wir das echte, vitale Kind, das wir einmal waren und das gar nicht abspalten konnte, aufgeben mussten. Seitdem ist unsere Persönlichkeit fragmentiert, wir erleben uns als Teilpersönlichkeiten, die in Filmen aus der Vergangenheit feststecken und versuchen, in der Gegenwart doch noch das zu finden, was sie damals nicht bekommen haben. Wenn wir unsere Wunde in dieser Weise kompensieren, sie vor uns und anderen verdecken, strengen wir uns dauernd an. Wir stehen ständig unter Druck und immer fehlt uns etwas.

Wenn wir durch unser Trauma voll bewusst hindurchgehen, werden wir nicht mehr dieselben sein. Wir machen die erlösende Erfahrung, dass wir verletzbar sind. Dass das so verwundete Kind von damals nicht gestorben ist, sondern in uns lebt – dieses Kind in uns ist unser echter Kern! Haben wir unser Trauma anerkannt, machen wir uns selbst und niemand anderen mehr vor, dass wir stärker sind als wir sind. Anstatt zu verleugnen, was uns wehtut und tief innen drinnen damit einsam zu sein, fühlen wir unseren Schmerz und unsere Angst und bekennen sie! Das, was wir vor der bewussten Wiederbegegnung mit unserem Trauma unbedingt verborgen halten mussten, was niemand von uns je wissen durfte, das offenbaren wir, das bringen wir hervor – und das heilt uns.

In der Scham, in der wir uns seit unserem Trauma befinden, spalten wir unsere Gefühle ab, anstatt mit ihnen in Kontakt zu gehen und sie direkt zu fühlen. Als Trauma-Überlebende können wir das: Wir können unseren Körper aufgeben, ihn verlassen, wir können unser Innenleben abschalten und einfach nur noch funktionieren. In unserer Kindheit, als uns die Traumaenergie traf, hat uns diese Fähigkeit das Leben gerettet. Wir konnten damit überleben, es ist eine Überlebensstrategie. Als solche müssen wir sie erkennen. Sie taugt zum Überleben, nicht zum Leben.

Wenn wir im Bann von Trauma stehen, leben wir ein Leben der Kompensation. Jede Intensität ist für uns gefährlich, jedes Loslassen bedeutet Gefahr. Das Fühlen, wenn es intensiv wird, wenn es die Gefahr des *Energieanstiegs* mit sich bringt, uns mit unserer Angst, Eifersucht und Verlassenheit in Kontakt bringt, müssen wir sofort unterdrücken. Bindung, intensive Bindung, die auch immer bedeutet, ein gesundes Abhängigkeitsgefühl zuzulassen, müssen wir verhindern, um nicht verletzt zu werden.

Nicht verletzt zu werden, das ist unser Motto. Das ist unser großer Wahrnehmungsfilter, alles und jedes, was uns passiert, aus diesem Blickwinkel, aus diesem einen einzigen Bullauge heraus zu betrachten: Kann es mich verletzen oder nicht? Und da alles, was intensiv ist, immer auch die Gefahr mit sich bringt, uns verletzen zu können, haben wir einen Automatismus in uns, der sofort auf jeden Anstieg von Gefühlsintensität mit Hemmung und Dissoziation reagiert: Wir gehen aus unserem Körper heraus und konstruieren die Wirklichkeit, anstatt sie einfach zu fühlen.

So beherrscht uns dieser Schutzmechanismus immer dann, wenn unser Leben interessant werden könnte. Dann treten wir auf die Bremse und verhindern die Intensität, machen uns vor, wir sind noch nicht soweit, wir brauchen Zeit, das überfordert uns, das ist jetzt noch zu viel. Dadurch, dass wir uns beständig zur Intensität auf Distanz halten, stocken und bremsen und unterbinden wir das Aufkommen unserer vitalen Gefühle. Wir unterdrücken das Lebendige in uns, sobald es stark wird. Als Überlebende eines Traumas haben wir diese Möglichkeit, wir können uns einfach davon abspalten: es nicht mehr fühlen, es außerhalb unserer Wahrnehmung setzen. Und wir können uns ein Leben aufbauen, das zwar keinen Spaß macht, das aus lauter faulen Arrangements besteht, aber das die Sicherheit mit sich bringt, nicht in Kontakt mit unseren vitalen Gefühlen zu gehen. Wir können bei einem Partner bleiben, der uns nicht gewachsen ist, der uns langweilt, den wir beherrschen und manipulieren, und bauen uns das als eine gelingende Beziehung hin, weil sie scheinbar sicher ist, weil es scheinbar keine gravierenden Konflikte gibt. Den Rest wollen wir nicht sehen, wir schauen da einfach nicht hin. Dass wir in dieser Beziehung einander nie wirklich begegnen, nie wirklich Kontakt haben, nie wirklich intim sind, also den anderen gar nicht kennenlernen, sondern einander nur in geschützten, unbewusst vereinbarten Rollen begegnen, mag schon alles sein, was wir vom Leben verlangen. Das ist aber kein Leben, sondern ein Überleben. Wir leben zwar, aber wir leben unsere Zeit nur ab. Unsere wirklichen Konflikte, das, was in uns nach Ausdruck ringt, bringen wir nicht

ans Licht, und das erzeugt eine Depression, eine Resignation in der Tiefe unserer Existenz – eine Sehnsucht nach
der großen Abkündigung, nach dem Ende dieses fahlen,
schalen, sinnlosen Vegetierens mit seinen kleinen Freu-
den, die uns lediglich bei der Stange halten.

Wer ein Buch über Trauma schreibt, der sollte meiner
Meinung nach wissen, wovon er spricht: Erfahren haben,
was es heißt, vom Trauma erschüttert worden zu sein
und ein Leben im Bann der Scham zu führen. Und der
sollte erlebt haben, was es bedeutet, sich seinem Trauma
zu stellen und aus dem Bann der Scham herauszutreten.
Ich bringe diese Qualifizierung mit, weil ich selbst schwer
traumatisiert wurde, überlebt habe, und mich seit rund
dreißig Jahren damit beschäftige, den Weg aus der Scham
zu finden. Ich bin nicht vom Himmel herabgestiegen
und habe mich ohne Notwendigkeit den Großteil meines Lebens hiermit befasst. Ich habe es getan, weil mir
nichts anderes übrig blieb. Weil das Leiden an der Existenz schon von Anfang an so schlimm war, so bohrend, so
vernichtend, dass mir nie etwas anderes übrig blieb und
ich von nichts anderem getrieben war, als mich zu heilen.

Ich bin 1964 geboren. In der Zeit meiner therapeutischen Ausbildungen habe ich gescherzt, im Wettbe-
werb, wer die schlechteste Kindheit und das schlimmste

Herkunftssystem hat, bin ich ganz vorne dabei. Aber das ist eine sarkastische Aussage. Dahinter steckt soviel Leid. Ich habe einen Sohn, den ich aus vollem Herzen liebe und unterstütze und ihm gegenüber völlig offen meine Gefühle ausdrücke und kommuniziere. Ihm geht es gut, er ist ein so lebensfroher, intelligenter, sensibler und hochkreativer Mensch. Das beruhigt mich ungemein. Ich habe alles versucht, um das Trauma, das auf mich einwirkte, nicht an ihn weiterzugeben. Das scheint gelungen. Gleichzeitig, wenn ich ihn erlebe, wenn ich erlebe, wie unbelastet er ist, wie unbelastet er seine Kreativität ausdrückt, welche Möglichkeiten und Unterstützung er von mir erfährt, welche Sicherheit ihm seine Mutter schenkt, dann reißt ein sengender, tiefer, tiefster Schmerz über den Jungen auf, der ich einmal gewesen bin und der das alles nicht bekommen hat. Der Schmerz meiner verlorenen Kindheit ist für einen Teil in mir riesig, überwältigend, vernichtend. Manchmal sehe ich meinen Sohn an, und dann habe ich diese Überblendung, dass ich mir vorstelle, er wäre damals an meiner Stelle gewesen und ihm wäre das angetan worden. Das zerreißt mich. Ich verstehe dann nicht, wie mein Umfeld alles getan hat, um diesen Jungen fertig zu machen. Wie konnten sie das über das Herz bringen? Ich habe etwas in mir, das bekenne ich hiermit, das niemals, nie, nie, niemals diese Schande vergeben wird. Nicht meinen Eltern, nicht meinem Bruder und nicht Gott. Dieser Teil in mir vergibt keinen von ihnen das vernichtende Verbrechen, das sie an diesem Jungen begangen haben.

Ich habe vier Sachbücher geschrieben, psychologische Ratgeber, die meine Methode der Radikalen Erlaubnis darstellen, aber indirekt dabei immer mein Leben erzählt. Meine Bücher drehen sich darum, diesen verlassenen Jungen in mir, der so unendlich gelitten hat, zu erlauben und mich zu ihm zu bekennen. Da zu sein, während er da ist. Mit ihm verbunden zu sein, diese Verbindung nicht mehr und nie mehr aufzugeben, weil sie das Kostbarste ist, was ich in mir habe. Die Wunde von mir zu zeigen, in Echtzeit Bekenntnis abzulegen, was wirklich in mir ist. Alles, was in mir lebt, wahrzunehmen und leben zu lassen, unzensiert. Das bewegt mich deshalb so sehr, weil es eine Zeit gegeben hat, in der dieser Junge in mir schon fast tot war. Es gab eine Zeit, in der habe ich versucht, alles in mir abzutöten, was noch kindlich war und was dem entgegenstand, ein guter, ehrenhafter, hochspiritueller und sündenfreier Mensch zu sein: Vier Jahre lang war ich in einer Sekte, die sich um einen Konzentrationslager-Überlebenden gesammelt und den höchsten Idealen von Menschlichkeit verschrieben hatte. In dieser Zeit, ich war Anfang zwanzig, habe ich mir die Sexualität verboten und wollte sie transformieren. Ich wollte so schnell wie möglich erleuchtet und von mir erlöst sein. Ich habe in dieser Zeit Yoga betrieben und alles an östlicher Philosophie verschlungen, was ich in die Hände bekommen konnte. Heute erscheint es mir, als habe ich damals in dem Versuch, die reine Menschlichkeit zu leben, die absoluteste und gnadenloseste Unmenschlichkeit hervorgebracht. Ich verbot mir alles, was Spaß machte. Eines Tages, die Sonne schien und ich war in meiner Wohnung, da fühlte es sich an, als ob sich der Boden öffnen und mich verschlucken und zerdrücken würde. Es gab nur Druck in meinem Leben. In Wahrheit hielt ich mich für ein Stück Scheiße, und nur die Anstrengung und der ungeheure spirituelle Veränderungsdruck, den ich auf mich ausübte, verlieh mir eine Art von Wert.

Damals tat ich einen großen Schritt: Ich entschloss mich, lieber unterzugehen, lieber zu scheitern und zu sterben, als so weiterzumachen. Ich verließ die Sekte, obwohl ich wusste, dass die Wenigen, die es vor mir gewagt hatten, diesen „Weg der Menschlichkeit" wieder zu verlassen, ihr Leben verwirkten: Sie hatten Unfälle, begingen Suizid oder scheiterten auf andere Weise tragisch. Auch mein Lehramtsstudium, das ich unter dem Einfluss der Sekte aufgenommen hatte, brach ich kurz vor dem Staatsexamen ab. Da meine Verdammnis gewiss war, erlaubte ich mir alles, was ich mir zuvor verboten hatte: Ich begann als Schriftsteller zu leben – und landete in einer 13 qm großen Wohnung im Grindelhochhaus: mit Kakerlaken, die im Ausguss wimmelten, und einer Dusche zwischen den Fahrstühlen, die von den Tauben zugeschissen wurde. Freitag- und Samstagnacht fuhr ich Taxi. Ich lernte eine Prostituierte kennen und lebte monatelang mit ihr zusammen. Sie kaufte mir aus Eifersucht die Taxischichten ab, ging aber selbst an diesen Nächten ins Bordell, um die Kohle ranzuschaffen. Ich trank, ich rauchte, ich kiffte, und alles mit ihr drehte sich um fiesen, linken Sex, Hauptsache, er spottete jener aufgesetzten Menschlichkeit Hohn. Es war ein erster Befreiungsschlag, all die jahrelang unterdrückten Impulse durchzulassen und nicht mehr zu hemmen. Ich hatte eine riesige Wut in mir auf alles, was mich einengte oder mir vorschrieb, wie ich zu leben hatte. Aber ich war damals noch weit davon entfernt, mich dem verlassenen Jungen in mir zu stellen. Ohne es zu wissen, rannte ich vor ihm davon. Ich stand immer noch unter dem Bann des Traumas, hatte mich in der Sektenzeit ganz und gar mit dem inneren Kritiker identifiziert, um meinen Schmerz nicht zu fühlen – und war nun im Rebellen gelandet, der sich gegen jeden Druck empörte. Auch das war eine Überlebensstrategie, ein Weglaufen vor meiner Wunde. Im Grunde hoffte ich, dass das Schicksal oder Gott mich retten würden. Dieser Anspruch, dass mir das Leben für das Leid, das mir widerfahren war, etwas schuldete, trug ich unbewusst vor mir her. Diese Wut, diese Anklage an das Leben, schützte mich davor, meinen Schmerz fühlen zu müssen und Verantwortung für den verlassenen und verwundeten Jungen in mir zu übernehmen. Diese Verantwortung übertrug ich einer äußeren Macht. Darin versteckt war der Schrei, doch noch die liebenden, sorgenden Eltern zu bekommen, die ich nie gehabt hatte. Ich umging die Trauer meiner verlorenen Kindheit und hoffte, sie doch noch nachgereicht zu bekommen. Damit flog ich wortwörtlich auf die Fresse. Mein Versuch, mich als Schriftsteller durchzusetzen, scheiterte. Stattdessen war ich im Taxi gelandet, ich war arm, und nichts passierte mehr. Das Leben hatte mich vergessen, und es scherte sich nicht um meine Empörung. Ich lernte die bittere Lektion, aus purer Verzweiflung Verantwortung für mein Leben zu übernehmen. Es war eine harte Zeit. Nachts fuhr ich Taxi, tagsüber ging ich in die teure Heilpraktikerschule, das dauerte drei Monate, dann konnte ich das nicht mehr machen. Ich war dauernd krank, und das Geld reichte nicht. Ich brach die Heilpraktikerschule ab, brachte mir den Stoff selbst bei, und innerhalb von drei Monaten schaffte ich die Heilpraktikerprüfung. Mit einem Freund eröffnete ich eine Praxis, aber schon nach einem Monat drohte der Bankrott. Ich fasste es nicht, dass mich das Leben so fallen ließ. Als ich eines Morgens wieder mit meinem defekten Fahrrad durch den Regen fuhr, bog sich zeitgleich der Sattel nach unten, die Kette riss ab und der Lenker löste sich aus dem Gestell. Ich kriegte die Stange zwischen die Beine, packte mich hin und landete mit dem Gesicht im Matsch. Ich sprang auf und schrie Gott an: Du Sau, warum hast du mich verlassen? Als ich das verfluchte Rad über den Kopf nahm und im hohen Bogen in die Alster schmiss, verpasste es mir zum Abschied mit der Pedale noch eine Platzwunde am Hinterkopf. Durchgeschwitzt, durchgenässt, blutend, mit Kettenschmiere eingesaut, die Nase ständig laufend und schniefend, kam ich in die Praxis und behandelte meine paar Patienten, in einem Zustand, wo ich selbst tausendmal mehr Therapie nötig hatte als sie. Es war eine riesige Lüge, da im weißen Kittel zu stehen und den Heiler zu mimen. Wie in meiner Kindheit, als ich ständig meine Mutter rettete, rettete ich nun Patienten und blieb wieder selbst auf der Strecke. Nach jeder dieser Sitzungen, wo ich massierte, ohne das zu können, Spritzen setzte und dabei nur mit Glück die Vene traf, war ich hochdepressiv und suizidal. Kurz bevor mir die Bank endgültig den Hahn zudrehte, gelang es mir, einen Heilpraktiker-Ausbildungskurs mit 15 Physiotherapeuten zu installieren. Sie wussten es nicht, aber sie retteten mich. Zum ersten Mal in meinem Leben verdiente ich mehr Geld als zum bloßen Überleben nötig war. Fünfzehn Jahre lang habe ich diese einjährigen Heilpraktikerausbildungen durchgeführt, und das meiste, was ich verdiente, in therapeutische Ausbildungen gesteckt. Ich habe die Gurus der Szene aufgesucht, Therapieformen idealisiert und wieder verworfen, bis ich zu dem verlassenen Jungen in mir fand – und die Arbeit mit dem inneren Kind zu meinem absoluten Hauptthema wurde. Mit der Technik des Focusing habe ich damals jeden Tag Stunden mit dem verlassenen Jungen in mir verbracht, bin durch die kolossale Einsamkeit seiner Kindheit gewandert und habe seine Schrecken und Verletzungen wiedererlebt und voll im Körper gespürt. Diese Arbeit, mich diesem Schmerz in mir direkt zu stellen, ihn voll im Körper zuzulassen, hat mich grundlegend verwandelt. Ich habe akribisch, fanatisch, wie ein Besessener, alles in mir, was lebendig wird, als ein inneres Kind erlaubt und anerkannt. Endlich kam ich vom Kopf in den Bauch. Der wahnsinnige, wahnhafte Denkzwang hörte auf. Stattdessen spürte ich jetzt, was in Echtzeit in meinem Körper, in meinem Bauch wirklich geschah. Von der Konstruktion der Wirklichkeit kam ich nun in einen fühlenden, spürenden Kontakt mit meinem wahrhaftigen Erleben. Ich begann meine Sensibilität wiederzufinden und mich von ihr führen zu lassen. Der große Schritt, die große Veränderung trat dadurch ein, dass ich meine Verletzbarkeit offensiv zu nutzen begann – anstatt sie zu unterdrücken, zu verdecken oder sonst wie zu kompensieren. Das war eine Umwertung aller Werte. Ich kam damit in Kontakt, wie ich in der Gegenwart gerade da war, wie es sich anfühlte, jetzt und hier in meinem Körper *ich* zu sein. Ich gewann Präsenz, ich war wirklich da, und ich riskierte in meinen Seminaren, meine Teilnehmer damit zu konfrontieren, was ich unzensiert im Körper spürte und was ich wirklich dachte. Wenn etwas im Bauch sich nicht gut anfühlte, hob ich die Hand und sagte: Irgendetwas stimmt nicht, in meinem Bauch wird es eng. Wenn ein Teilnehmer seine Geschichte erzählte und meine Gedanken abwanderten, unterbrach ich ihn und sagte ihm ganz ruhig: Du, bei deinem letzten Satz sind meine Gedanken abgedriftet, ich habe bemerkt, dass ich gerade den Einkaufszettel für die nächste Woche durchgegangen bin. Es hat mich nicht berührt, was du gesagt hast. Wie ist das für dich?

Durch diese radikale Ehrlichkeit, die ich an den Tag legte, gewann ich eine energetische Bewusstheit, die ich an die erste Stelle setzte: Wie fühlt sich die Energie im Raum gerade in meinem Körper an? Ich begann *energetisch* in den Kontakt zu gehen und mich von diesem Kontakt führen zu lassen. Meine ersten Seminare, mit vier, fünf Leuten, improvisierte ich völlig. Ich wusste nicht, was ich im nächsten Moment tun würde, Hauptsache, ich adressierte die Energie: Ich ließ mich bedingungslos in diesen Prozess fallen, ohne zu wissen, wohin es führte oder ob das Seminar gelingen würde. Dadurch kam es im Seminarverlauf zu gravierenden Krisen, wo niemand mehr wusste, wie es weitergehen und wie man diese Ungewissheit aushalten sollte. Ich lud dann dazu ein, exakt im Körper zu spüren, wie das ist, dazubleiben, wenn alles in einem weg will. Es *nur* zu beschreiben, was sich im Körper abspielt, ohne etwas zu verändern. Und dann kam der Lohn, unerwartet, kaum noch erhofft: Es breitete sich eine Tiefe und Offenheit aus, eine Energie, in der es möglich wurde, uns unserer Verletzbarkeit zu stellen und die Wunden, die wir in uns trugen, zu fühlen und auszudrücken. Von vielen Teilnehmern bekam ich wundervolle Rückmeldungen, andere, zum Glück wenige, wollten nie wieder etwas mit mir zu tun haben. Ich begann Videos von den Seminaren zu machen und sie ins Netz zu stellen. Meine Arbeit sprach sich langsam herum und meine Seminare füllten sich.

Wenn das verlassene innere Kind in uns hochkommt und uns zu übernehmen droht, fühlen wir uns brüchig, instabil, unsere Knie werden weich, und wir fangen an zu zittern. Vielleicht nur ganz leicht, aber wir bemerken es, dass unsere Hand, halten wir sie in die Luft, tatsächlich zittert. Dieses Zittern, das wir in der Identifizierung mit unseren Wächtern nur weghaben wollen, ist nun etwas Gutes und Wichtiges. Ganz wie es der amerikanische Traumaforscher Peter A. Levine beschreibt, kommt hier die Abzitterbewegung traumatischer Energie durch – und das ist auch die Lösung, das ist die letzte Integration des verlassenen inneren Kindes: Dass wir ganz und gar dieses Zittern und Bibbern *als ein Es* fühlen und dabeibleiben, während es durch uns durchkommt. Dann reagiert der Körper die seit dem Trauma in ihm festgehaltene und gespeicherte Überspannung ab und führt die körperliche Regulationsbewegung, die damals im Trauma gestoppt wurde – weil wir aus dem Körper gegangen sind, anstatt in ihm drinnen zu bleiben – doch noch zum Abschluss.

Dem Körper dieses verlassene Kind zu übergeben und dann im Körper da zu bleiben, anstatt in die kontrollierenden Wächter nach oben zu flüchten, löst das Trauma; dieser direkte Kontakt auf der Empfindungsebene, dieses vollbewusste Durchkommen-Lassen der körperlichen Mikrobewegungen des Zitterns und Bibberns, holt das verlassene Kind in der tiefsten körperlichen Dimension ab. Keine gedankliche Arbeit, kein innerer Dialog mit den Teilen, kein noch so einleuchtender Erkenntnisprozess – so wichtig sie für die Ergänzung und Komplettierung der Integration auch sein mögen – können diese urkörperlich-vegetative Abreaktionsbewegung ersetzen.

Daher behaupte ich, es ist so sinnvoll, *absichtlich* die Wunde zu öffnen, anstatt ein Leben zu führen, wo wir andauernd diese Wunde vermeiden. Das absichtliche Öffnen der Wunde macht aber nur Sinn, wenn wir voll und ganz darauf ausgerichtet bleiben, was in unserem Körper auf der Empfindungsebene geschieht. Wenn wir diesen Kontakt zur Empfindungsebene vorübergehend wieder verlieren, wenn die Drama-Energie aufpoppt und uns die Panik vollständig erfasst, dann können wir sofort durch unser sinnesspezifisches Spüren, *wie es sich exakt im Körper anfühlt*, zur Empfindungsebene zurückkehren. Dadurch verdichtet sich die Drama-Energie, in der wir ganz zu versinken drohten, zu einem, ich nenne es einmal, *Golfball aus Plutonium*, der lokal begrenzt in unserem Körper spürbar ist und gehalten werden kann. Dann *haben* wir diese Energie, wir *sind* sie aber nicht. Wir können in Wahlfreiheit diesen Verdichtungsball aufpoppen lassen und merken, wie uns das Drama ganz erfasst und wir nur noch Drama sind, und dann diese Energie wieder durch unser Spürbewusstsein einfangen und zu diesem Ball verdichten. Meiner Erforschung nach befindet sich dieser Ball rechts unten im Bauch.

Im Kontakt mit der Empfindung zu bleiben, wenn es eng wird, dazubleiben im Körper, während es unaushaltbar und hoffnungslos erscheint, wenn wirklich alles in uns weg will, das bezeichne ich als *Durch das Nadelöhr gehen*. Wir müssen nicht hindurchkommen, dabeizubleiben reicht schon.

Schon? Es ist zugleich das Schwerste. Denn während wir das tun, stirbt, esoterisch gesprochen, unser Ego, es ist der sogenannte Egotod. Die Sufis sagen: Es ist die dunkle Nacht der Seele, die durchschritten wird. Meister Eckhart drückt es so aus: Erst in der Finsternis wirst du dir des Lichts gewahr. Wenn du dein Ich am Werke spürst, dann lass es fahren dahin! Diese Aussagen sind hochgradig gefährlich, wenn wir sie nur intellektuell nachvollziehen und meinten, wir würden erkennen. Dabei weichen wir nach oben aus, anstatt ins Nadelöhr einzutreten. Trotzdem sind diese Aussagen wahr, *aber nur für die, die ihre Arbeit im Körper leisten.* Für alle anderen ist es spirituelles Bypassing: ein raffiniertes Ausweichmanöver vor der Enge des Nadelöhrs. Daher möchte ich es anders formulieren: Wenn wir in die Enge des Nadelöhrs kommen und dort bleiben, stirbt unsere Identifizierung mit unseren Wächtern. Deshalb tut es so weh, deshalb ist es ein Sterben im Fleische. Während unsere Wächter Todesangst haben und glauben, sterben zu müssen, bleiben wir im Körper und halten uns exakt an der gegenwärtigen sinnesspezifischen Empfindung fest – und das löst uns aus dem Griff der Wächter. Wir destillieren uns heraus aus den Wächtern, aber was bleibt da übrig, wer sind wir jetzt?

Wir befinden uns nun außerhalb des Hamsterrads unserer Konditionierung, wir sind aus dem ewigen Wechselspiel von Innerem Kritiker – Rebell – Verlassenem inneren Kind, das uns als unsere Identität erschien, herausgetreten: Am Beginn geraten wir in die Enge des Nadelöhrs, und je enger es wird, desto mehr Panik, Angst und Schrecken tritt innerhalb unserer Scheinidentität auf, weil sie stirbt. Dann, in der maximalen Enge des Nadelöhrs, erfahren wir den Tod unserer Identifizierung mit unserer gewohnten Identität – und die maximale Angst vor dem identitätslosen Sein. Halten wir das aus, gehen wir immer wieder in diese Enge und bleiben exakt auf der Empfindungsebene des Körpers, bereitet sich langsam, beinah unmerklich, der Übertritt ins identitätslose Sein vor und geschieht dann ruckartig: In dem Moment, wo wir vertraut sind mit der Todesangst im Körper, uns also an den Kontakt mit dem hinter diesem Etikett liegenden sinnesspezifischen Empfindungen gewöhnen, sie zu unserem Sein als dazugehörig erfahren – an ihnen kapitulieren und uns damit abfinden, dass sie wohl für immer so da sein werden – kommt überraschend der Frieden, und zwar der Große Frieden. Wir sind unterhalb des Nadelöhrs, wir sind einmal durchgerutscht, und die Gelöstheit und die Freude sind unfassbar. Hier unten gilt: Was euch da oben noch bekümmert, von mir wich. Der ganze Wahnsinn, den wir oben in unserer Scheinidentität betreiben, liegt glasklar vor uns, und das große Lachen setzt ein. Was für ein Irrsinn, was für ein Schauerspiel! Und wir haben das unser ganzes Leben lang geglaubt. Unser ganzes Leben sind wir vor diesem Schmerz davongelaufen, um diese Erfahrung des Friedens zu suchen, aber haben sie genau dadurch verhindert! Uns wird klar, dass unser Schmerz der kardinale und einzige Zugang zu diesem Frieden in der absoluten Tiefe ist – und alles andere Irrwege sind. In diesem Zustand sind wir körperlich total durchlässig, nichts kann uns angreifen, es rutscht sofort durch das Nadelöhr hindurch: Der Schmerz blitzt auf, reaktiv setzt der Zug der Abwehrbewegung der Wächter ein – nach unten zumachen und nach oben flüchten – dies glauben wir nun aber nicht mehr, sondern fühlen die Öffnung nach unten, fast so, als sei dieses Meer da unten unsere neue Identität. Wir brauchen uns dort nicht mehr zu wissen, und wir unternehmen auch gar keine Anstrengung, uns wissen zu wollen. Hier gilt der sonst gefährlich zum spirituellen Bypassing einladende Zen-Satz: Kein Selbst, kein Problem!

Gleichzeitig besetzen wir unseren Unterleib, die Schließmuskeln, anal und genital, lockern sich, der ganze Beckenboden entspannt sich. Wenn wir jetzt atmen, fühlt es sich so an, als atmeten wir aus dem Boden und unser Körper sei nur die Spitze darauf. Wenn dieser Zustand manifest bliebe, könnte man uns als erleuchtet bezeichnen. Und aus diesem Zustand heraus erfahren wir auch zum ersten Mal wirklich, mit unserem Sein, wovon die Erleuchteten eigentlich immer sprechen – anstatt ein Konstrukt daraus zu machen, dem wir dann wie der Hase einer Mohrrübe hinterherhecheln. Es ist so einfach, und sie haben ja so recht. Wir verstehen, warum sie über unsere Probleme lachen müssen, warum sie sich an den Kopf schlagen, dass wir das Einfachste, dieses Nur-sein, nicht sehen, sondern ein riesiges Problem daraus machen. Leider bin ich persönlich kein solcher Erleuchteter, ich bin kein Dauergast hier unten im reinen Sein. Ich rutsche wieder hoch, verfange und verstricke mich, verliere diesen Zugang völlig, und gelange dann wieder durch Radikale Erlaubnis ins Nadelöhr, halte es exakt aus, und dann kommt wieder das große Aha! Rauf und runter geht es. Und gerade, wenn ich glaube, das jetzt hier, diese Klarheit, diese Freiheit, die will ich nie wieder verlieren, verliere ich sie schon. Ich erfahre Erleuchtungszustände, und ich erlebe, wie ich wieder in Finsternis versinke. Wie jeder andere muss ich das erkennen und mich aus der Verstrickung herausarbeiten. Aber den Weg aus der tiefsten Finsternis in diese Freiheit, mit dem kenne ich mich nun mittlerweile aus. Den habe ich intensiv erforscht und den erforsche ich weiterhin, denn: Haben wir einmal von diesem Nektar gekostet, nichts anderes unseren Durst noch stillen kann.

So halte ich mich für einen Pfadfinder, für einen, der den Pass durch die spirituelle Lücke kennt, die gewöhnlich zwischen Egoverhaftung und Erleuchtung gerissen wird. Diese dunkle Zone, durch die die Erleuchteten durch Gnade hinüberkatapultiert werden, und die sie dann in der Rückschau, aus ihrem Angekommensein nicht mehr adäquat adressieren können – dieses Sperrgebiet kann meines Erachtens eben nicht durch Dauerübung in Meditation je durchschritten werden, sondern nur durch die anerkennende und erlaubende Arbeit mit den traumatisierten Anteilen in uns – mit dem, was gerade nicht still sein kann und unsere Aufmerksamkeit so fixiert hält. Dies ist die Arbeit im Nadelöhr, wie ich sie in diesem Buch vorlege.

Teil 1

Über dem Nadelöhr:
Im Bann des Traumas

„Um etwas loslassen zu können,
musst du zuvor erkennen, was es ist.“

Nirsagadatta Maharaj

Kapitel 1:
Wächter-Energie

Am ersten Tag meiner Seminare sind die meisten Teilnehmer identifiziert mit ihren Wächtern. Das meint, sie sind darauf ausgerichtet, sich zu schützen. Sie zensieren, was sie von sich preisgeben. Sie überlegen, was könnte ich sagen, um nicht verletzt zu werden. Was sage ich, damit die anderen mich nicht für blöd halten, wie verhalte ich mich, damit er da vorne ja nicht anfängt, mich bloßzustellen?

Wenn man sich für ein Selbsterfahrungsseminar anmeldet, sich also auf etwas Unbekanntes, Unsicheres, auf eine herausfordernde Situation einlässt, halte ich es für normal und gesund, dass so etwas in einem ist. Dass man es ganz und gar glaubt, dass man diesen Zustand also nicht zu einem Gegenstand seiner Wahrnehmung macht und als ein Etwas, das in einem lebendig ist, anerkennt und erlaubt, dass man also nur das ist und den Kontakt dazu verliert, *mehr* als nur dieses Eine zu sein, macht die Sache schwierig. Für mich fühlt es sich nicht selten so an, wie vor einer energetisch hermetischen Abwehrmauer zu sitzen. Eine bleierne Schwere hängt im Raum, keiner ist bereit, etwas Unzensiertes, nicht von vorne bis hinten Abgesichertes zu sagen. Ich nenne dies Wächter-Energie.

Wir glauben, was wir denken

Wenn wir so identifiziert sind mit unseren Wächtern, ist unsere Aufmerksamkeit ganz nach außen gerichtet. Wir sind voller Angst, aber rennen vor ihr davon oder merken gar nicht, dass sie in uns ist. Wir merken es nicht, weil wir unseren Körper nicht oder kaum spüren, vor allem, weil wir keinen Kontakt zu unserem Bauch haben. Der Atem ist nicht tief in den Bauch, sondern flach im Brustkorb gehalten. Wir befinden uns mit unserer *Energie* oberhalb des Zwerchfells, die Schultern mögen angespannt oder verspannt sein, vielleicht spüren wir sie gar nicht, sondern sind ganz im Kopf oder sogar irgendwie darüber, ganz ohne Kontakt zu unserem Körper. Definitives Kennzeichen für unsere Wächterenergie ist es, dass wir glauben, was wir denken. Wir haben keinen Abstand zu unseren Gedanken, und unsere Gedanken beschäftigen sich unablässig mit der Kontrolle des Außens. Das Widerlager zu unseren Gedanken, nämlich das körperliche Spürgefühl der Präsenz, fehlt völlig. Wir haben keine Präsenz. Wir sind eng, unser Blick ist eingeschränkt, wir haben keinen Kontakt zu unseren wirklichen Gefühlen. Wir können unsere Gefühle konstruieren, hier oben im Kopf, meist vermischt mit Deutungen und Schuldzuweisungen (ich bin wütend, *weil du immer* …). Überhaupt konstruieren wir alles: unsere Gefühle, unsere Identität, die Situation, unser Leben, unsere Beziehungen. Auf alles haben wir ein Etikett geklebt; auf dieses Etikett reagieren wir mit Gefühlen, die aber nicht gefühlt und mit denen gar nicht in Spürkontakt gegangen wird, sondern die erneut etikettiert werden. So verlieren wir den Kontakt zu unserem Körper, während unsere Gedanken immer weiter Fahrt aufnehmen und uns in die Verstrickung davontragen.

Körperlich befinden wir uns, wie der amerikanische Psychotherapeut Krishnananda Trobe es nennt, in einer Jockey-Position: auf Höhe des Zwerchfells abgeknickt nach vorne. Jeder Affekt ergreift uns eben wie ein Pferd den Jockey und treibt uns weiter nach vorne ins Außen. Wir fühlen uns im Recht, und wir müssen Recht bekommen! Dort, im Außen, gibt es ein Hindernis, das beseitigt werden muss. Dort, da ist einer, der ist schuldig, und dem muss klargemacht werden, dass er schuld daran ist, dass es uns schlecht geht. Wir beschuldigen ihn, rächen uns oder wir trennen uns gleich ganz von ihm. Wir *dehumanisieren* den vermeintlich Schuldigen: Wir sprechen ihm ab, eine Person mit Gefühlen oder überhaupt mit Lebensberechtigung zu sein. Er ist nur böse. Deswegen ist jedes Mittel recht, sich gegen ihn zu wehren!

Regression und Projektion

In dieser Wächterenergie zu sein, bedeutet, zu regredieren und nur noch zu projizieren. Wir agieren aus, das heißt, wir sind in einem Kampf-ums-Überleben-Modus, für alles andere sind wir blind und dumm, wir verfügen über keinen Zugang zu unserer emotionalen Intelligenz und zu unserer Intuition. Witzig hierbei ist, wenn wir den Humor nur hätten, dass wir dem anderen genau das anhängen, was wir selbst betreiben. Wir sprechen direkt aus, was wir selbst tun: „Du denkst nur an dich, andere und ihre Gefühle sind dir doch egal. Hauptsache, dir geht es gut. Mit so einem wie dir will ich nichts mehr zu tun haben!" Was wir anderen in dem Glauben vorwerfen, völlig im Recht zu sein, trifft, noch während wir es aussprechen, auf uns selbst zu.

Was steckt dahinter? Es ist eine konditionierte Reaktion. Wir haben es in unserer Kindheit gesehen, erfahren und gelernt, so zu reagieren. Dort haben unsere Bezugspersonen so gehandelt, und wir haben das abbekommen, verinnerlicht und automatisiert. Diese automatische Abwehrreaktion springt sofort an, wenn wir verletzt werden oder verletzt werden könnten. Als wir Kind waren, stimmte das auch, da waren wir wirklich bedroht und mussten unser Innenleben zensieren, unsere Äußerungen und unser Verhalten anpassen und taktieren, um nicht psychisch verletzt oder sogar körperlich misshandelt zu werden. Dass wir heute zu diesem Kind werden, so denken, das alles glauben und uns genauso verhalten, das ist die Regression. In dieser Regression reagieren wir also nicht auf die Gegenwart, sondern auf die Vergangenheit, wir reagieren nicht auf das wirkliche Gegenüber – diesen Menschen sehen wir gar nicht –, sondern auf eine Person aus unserer Vergangenheit, meist dem Vater oder der Mutter. Mit unserem gegenwärtigen Gegenüber agieren wir diese alte Geschichte aus, und versuchen uns erneut vor der Verletzung von damals zu schützen. Ein Hinweis, dass dies geschieht, gibt uns die Ladung, dieser Energieanstieg, der uns erfasst. Diesen Energieanstieg können auch vermeintliche Kleinigkeiten auslösen: Eine Kellnerin, der wir Trinkgeld geben, sagt weder Danke noch Tschüß, während wir ihr auch noch ein Auf Wiedersehen hinterherschicken. Hinterher bleibt uns dieses Vorkommnis haften. Ein Wächter mag das wegrationalisieren wollen, *die war wohl nicht gut drauf!*, aber das schneidet uns nur von unserem Gefühl des Unbehagens ab und verändert nichts. Nach wie vor bleibt das Ereignis geladen, es rotiert in uns und erzeugt Unruhe. In weitaus erheblicherem Maße geschieht das natürlich in unseren engeren Beziehungen, vor allem in der Liebesbeziehung. Dort können die kleinsten Nachlässigkeiten Ladung erzeugen, weil sie die Wunden unserer Kindheit berühren.

Dass unsere Wunden berührt werden, dass sie in unseren engeren Beziehungen angetriggert werden, ist unvermeidbar. Dass wir immer wieder affektiv darauf reagieren und uns schützen, auch. Nur muss uns das auffallen.

Wir müssen mitbekommen, dass wir geladen sind, dass wir affektiv reagieren, dass wir unsere Präsenz verlieren und uns in einer Jockey-Position befinden, *dass wir getrieben sind.* Diese Arbeit kann uns niemand abnehmen. Wenn unsere Wunde berührt wird und wir uns schützen und dichtmachen, dann ist es unser Job, zügig zu stoppen: *Stopp, ich bin ja gar nicht richtig da, ich bin auf einem Trip! Okay, interessant, was passiert gerade in mir? Aha, ich wehre mich, ich greife an, ich fühle mich im Recht, und ich will recht haben. Okay, das ist nicht die Wahrheit, das weiß ich. Es muss etwas in mir geben, das ich nicht höre.*

Ein paar tiefe Atemzüge sind jetzt hilfreich – und uns zu vergegenwärtigen, wie wir körperlich gerade da sind. Können wir unsere Füße spüren, unsere Beine, unseren Bauch? Wie fühlt es sich an, in unserem Körper gerade wir zu sein? Wo im Körper sitzt eigentlich unsere Energie? Und dann können wir uns fragen, was uns wütend macht, was uns verletzt hat und wovor wir Angst haben. Diese Arbeit führt uns zurück in unseren Körper und in unseren Bauch und bringt uns in Kontakt mit unseren Gefühlen. So nehmen wir der Projektion die Energie und steigen aus unserer Regression aus. Aus der „Jockey" - Position, in der wir getrieben sind, gelangen wir in eine „Sattel" - Position, in der wir unsere Gefühle halten. Wir kommen zurück in die Gegenwart, das heißt, wir werden wieder präsent, wir sind wieder körperlich anwesend.

Dieses Wahrnehmen, dass wir die Präsenz verloren haben, dieses Uns-Zurückarbeiten von der Abwehr zur Verletzung, dieses Zurückgewinnen des Körpers und seiner Gegenwärtigkeit, das zeichnet den Erwachsenen aus. Der Erwachsene stellt sich dem, was in ihm ist, macht sich bewusst, was in ihm vor sich geht, und übernimmt dafür Verantwortung – anstatt andere oder gar das Leben selbst verantwortlich zu machen. Der Erwachsene versteckt sich nicht, und er verschiebt diese Arbeit nicht, *sich zu stellen*. Er delegiert diese Arbeit auch nicht an andere, und wenn er es tut, wenn er also fordert, anklagt, verurteilt, wütend ist, dissoziiert, dann bemerkt er das zügig und fängt sich wieder ein. Das ist das Ideal, das ist die Ausrichtung. Natürlich haben wir diese Reife nicht dauerhaft gepachtet, natürlich fallen wir in die Regressionen und Projektionen, natürlich fordern wir immer wieder, erwarten etwas, analysieren und diagnostizieren. Kennzeichen einer Reife ist nicht, dass dies nie wieder geschieht, sondern dass wir darauf ausgerichtet sind, das mitzubekommen, zu untersuchen und zügig daraus auszusteigen. Es *zügig* zu tun, schnell zu stoppen, wenn wir unsere Präsenz verlieren, das ist entscheidend, um den Untergang in die Verstrickung zu vermeiden.

Die ewige Wiederkunft des Immer Gleichen

Wenn wir es nicht tun, wenn wir diesen unseren Job nicht tun, verstricken wir uns unablässig und reinszenieren die

Dramen unserer Kindheit. In der Gestalt eines Erwachsenen agieren wir wie ein Kind, und brauchen uns daher nicht zu wundern, dass wir immer wieder die Situation unserer Kindheit heraufbeschwören. Immer wieder dieselben Beziehungskonstellationen, immer wieder dieselben Konflikte. Wir ziehen Partner an, mit denen wir diese Kinderrolle durchspielen können, also Partner, die unseren Eltern oder Bezugspersonen ähneln, mit denen sich dieselbe Beziehungsdynamik ergibt, oder die sich von uns in dieselbe Beziehungsdynamik zwingen lassen. Freud nannte diesen Vorgang Wiederholungszwang, Gendlin nannte es strukturgebundenes Erleben. In Anlehnung an Nietzsche nenne ich es die ewige Wiederkunft des Immer Gleichen.

Um aus dieser ewigen Wiederkunft des Immer Gleichen auszusteigen, müssen wir uns unserer Wächter bewusst werden, sie kennenlernen, sie in Aktion erleben; energetisch spüren, wie es ist, sie zu sein; absichtlich in sie hineingehen und wieder aus ihnen herausgehen. So erfahren wir, dass wir mehr sind als sie; dass wir unsere Wächter wahrnehmen und erlauben können, während wir den Raum der Präsenz halten. Unsere Wächter – die Teile, die uns schützen – müssen wir genau erforschen, um uns aus ihrem energetischen Griff zu befreien. Die folgenden Modelle kontrastieren die „Jockey"- Position in der Wächter-Energie und die „Sattel" - Position in der Gastgeber-Energie:

Abbildung 1: Wächter - Energie

„Jockey" - Position – identifiziert mit einem Etwas	Energie nach außen gerichtet
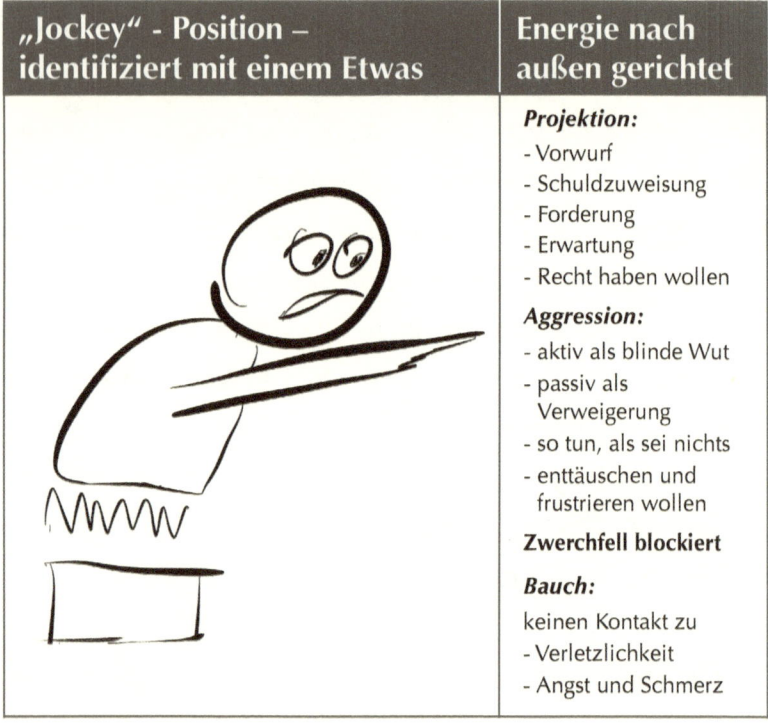	**Projektion:** - Vorwurf - Schuldzuweisung - Forderung - Erwartung - Recht haben wollen **Aggression:** - aktiv als blinde Wut - passiv als Verweigerung - so tun, als sei nichts - enttäuschen und frustrieren wollen **Zwerchfell blockiert** **Bauch:** keinen Kontakt zu - Verletzlichkeit - Angst und Schmerz

Sich absichtlich identifizieren

Diese beiden Modelle kontrastieren, was in uns vorgeht, wenn wir identifiziert bzw. präsent sind. Daher helfen sie uns bei diesem entscheidenden Schritt, wahrzunehmen, dass wir identifiziert sind. Allein diese Anerkennung, *ah, etwas stimmt nicht, ich leide, ich bin identifiziert, ich habe keine Gastgeber-Position, ich bin irgendwie in etwas verstrickt, aus dem ich gerade nicht herauskomme*, hilft bereits und ermöglicht, die Identifizierung zum Gegenstand unserer Wahrnehmung,

Abbildung 2: Gastgeber - Energie

„Sattel"- Position – präsent mit einem Etwas	Energie nach innen zentriert
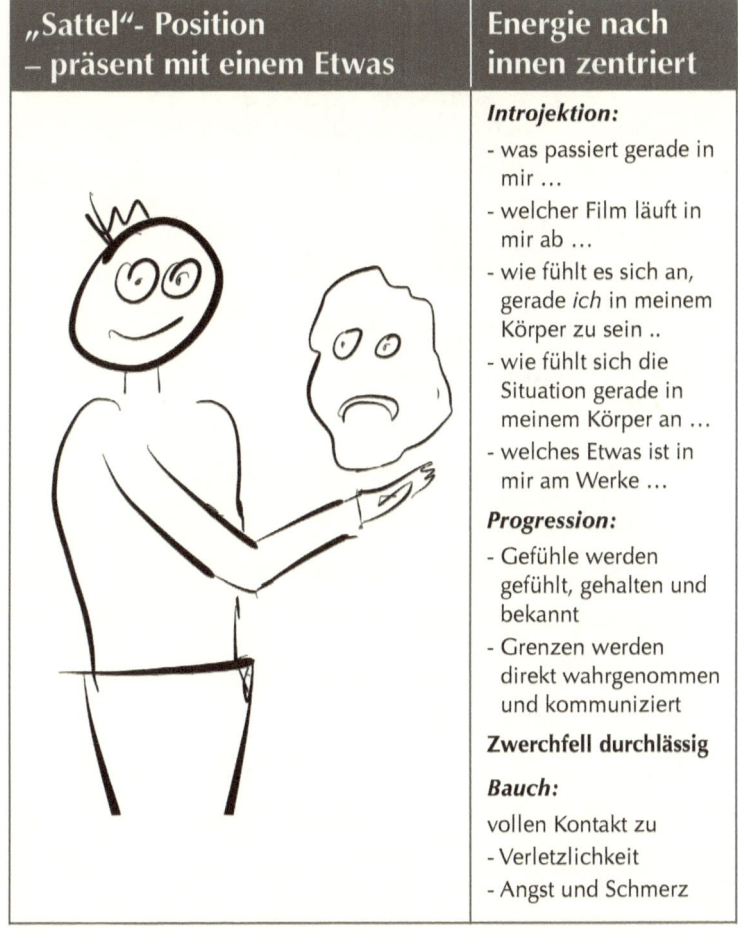	**Introjektion:** - was passiert gerade in mir … - welcher Film läuft in mir ab … - wie fühlt es sich an, gerade *ich* in meinem Körper zu sein .. - wie fühlt sich die Situation gerade in meinem Körper an … - welches Etwas ist in mir am Werke … **Progression:** - Gefühle werden gefühlt, gehalten und bekannt - Grenzen werden direkt wahrgenommen und kommuniziert **Zwerchfell durchlässig** **Bauch:** vollen Kontakt zu - Verletzlichkeit - Angst und Schmerz

unserer *Erforschung* zu machen – anstatt sie zu glauben! Das ist der Schritt, aus der Identifizierung herauszutreten. Mit Recht sagt daher Nirsagadatta Maharaj: „Um etwas loslassen zu können, musst du zuvor erkennen, was es ist." Wir müssen also unsere Identifizierung mitbekommen, und dann absichtlich und voll bewusst in sie hineingehen, sie stärker machen, aber dabei beobachten, was in uns geschieht. Indem wir uns absichtlich identifizieren, holen wir die Identifizierung in uns hinein und integrieren sie. Wir spielen mit ihr. Dann bemerken wir, wie wir in der Identifizierung nur noch denken, wie wir geladen sind, wie wir unseren Bauch und Körper nicht spüren können; wie sehr unsere Energie nach außen gerichtet ist, und wie getrieben wir sind, dort etwas zu bewirken. Sobald wir das bemerken und untersuchen, bekommen wir Abstand zu den uns antreibenden Gedanken und können sehen, dass es ein Etwas in uns ist – ein Gast, der gehört werden will: Wir sind hier in unserem Körper, und in uns ist ein Gast; dieser Gast, der spricht andere schuldig, der will recht haben, der wertet ab, der macht Vorwürfe und weist Schuld zu. Wir können ihn wissen lassen, *ah, ja, interessant, du bist da, und bei mir ist angekommen, wie sehr du vorwirfst und wütend bist!* Wir können ihm radikal erlauben, das zu tun, er darf das! Wir können ihn totalisieren: Wie ein Schauspieler in eine Rolle, so gehen wir absichtlich in diesen Teil hinein und werden ganz zu ihm.

Dieses Erlauben setzt ja voraus, dass jemand in uns anwesend ist, der diesem Teil die Erlaubnis gibt, und das ist die grundlegende Konstellation in der Radikalen Erlaubnis: Hier sind wir in unserem Körper, jetzt, und wir nehmen ein Etwas in uns wahr, das leidet oder etwas will. Wenn uns etwas fehlt, wenn wir uns limitiert oder reduziert fühlen, wenn irgendetwas passieren muss, damit es uns besser geht, sind wir mit einem Teil von uns identifiziert – und der lindernde, der befreiende Schritt besteht darin, diesem Teil zuzuhören.

Abbildung 3: Gastgeber - Gast

Kapitel 2:
Simulierte Präsenz

In ihrem Bemühen, uns vor dem Fühlen unangenehmer und vermeintlich nicht aushaltbarer Gefühle zu schützen, sind unsere Wächter unnachgiebig. Wie Samurai-Krieger, die bis zum letzten Atemzug für ihre Sache kämpfen, so haben sich auch unsere Wächter dazu determiniert, bis zum Äußersten zu kämpfen und niemals aufzugeben. Unsere Wächter sind voller Ehre, es sind Helden, und bis wir das nicht anerkannt und gehört haben, bis wir uns nicht vor ihnen und ihrer lebensrettenden Leistung verbeugt haben, bis wir nicht vor ihnen auf die Knie gegangen sind und ihrer Großtat unseren Respekt bezeugt haben, geben unsere Wächter nicht auf. Wenn wir allerdings zu diesem Punkt gelangen, geschieht mit dieser Abgrenzung zu unseren Wächtern – hier ist dieser Wächter, und ich bin nicht dieser Wächter, sondern ich nehme ihn in mir war –, zugleich unsere Aussöhnung mit ihm: Du gehörst zu mir, und ich bin so stolz und dankbar, dass du in mir bist.

Wächter simulieren den Kontakt

Bis dahin beherrschen uns unsere Wächter auf die intelligenteste und raffinierteste Weise. Nach kürzester Zeit wird auch das hier beschriebene Modell des

Gastgebers und seiner Gäste, der Präsenz und ein oder mehrerer Etwasse, von ihnen assimiliert und dazu benutzt, unsere Verletzbarkeit nicht zu fühlen, sondern stattdessen so zu tun, als fühlten wir sie. Unsere Wächter wollen um jeden Preis vermeiden, dass wir in den Kontakt mit unserem Schmerz gehen, daher konstruieren sie, wie es wäre und was es bedeuten würde, wenn wir in diesen Kontakt gingen. Das ist raffiniert. Ich habe sehr häufig in meinen Seminaren mit diesem Phänomen zu tun: Da fragen Teilnehmer immer wieder, was es für ihre Beziehung, für ihren Job bedeuten würde, wenn sie im Körper blieben und wirklich fühlten, was sie fühlten. *Mach das doch jetzt mal, mach das doch nur einmal, bevor du mit deinen ganzen Berg von konstruierten Fragen kommst!* möchte man ihnen zurufen. Und die Antwort wird sein: Aber wenn ich das jetzt machen würde, dann ...

Im Wächter wird über den Kontakt mit den Gefühlen geredet und scheinbar tiefsinnig erörtert, dabei wird aber nur so getan, als habe man diesen Kontakt, hat ihn aber ganz sicher nicht jetzt, wo man über ihn redet. Dieser Kontakt ist konstruiert und wird simuliert. Dabei tun unsere Wächter so, als seien sie der Gastgeber, gaukeln uns vor, wir seien in dieser Sattelposition, und simulieren die oben beschriebene Arbeit, aus einer Identifizierung auszutreten. Im Körper passiert allerdings nichts. Wir nehmen zwar wahr, dass wir identifiziert sind, aber versuchen, in einer uns nicht bewussten Identifizierung aus einer anderen Identifizierung auszusteigen. Das mag sich verkopft und kompliziert anhören, und genau das ist es auch. Folgt man hier als Zuhörer den Inhalten dieser Aussagen, verliert man den Boden und wird von dieser dissoziierenden Wächter-Energie verschluckt. Spüren wir jedoch energetisch hin: *Wie fühlt sich das an, wenn ich das höre?*, dann durchschauen wir das Spiel sofort: Es fühlt sich nicht gut an, im Bauch wird es eng, und es ist anstrengend, überhaupt zuzuhören. Wir bemerken den starken Sog, uns aus der Situation herauszudissoziieren.

Dass wir nicht wirklich die Gastgeber-Position inne haben, sondern sie simulieren, zeigt uns die Anstrengung, unter der wir stehen. Dieser Prozess muss jedoch erkannt und durchdrungen werden, sonst finden wir nicht in unseren Körper zurück. Vor allem können wir nicht mit dem subtilen Bauchgefühl in Kontakt kommen, das uns führt und völlig entlasten kann.

Das Wächter-Feld stoppen

Dies zu verstehen, ist das eine. Wir mögen es lesen, und denken: *Aha, ja, guck dir diese raffinierten Wächter an! Na, hab ich jetzt verstanden. Gefahr erkannt, Gefahr gebannt! Damit ist das Problem erledigt.* Nein, ist es nicht. Denn eine ganz andere Liga ist es, die Wächter wahrzunehmen, wenn sie wirklich aktiv werden und alles versuchen, um uns vor der Anerkennung und dem Fühlen unangenehmer Gefühlen zu schützen:

Ich: Ich möchte einladen zu einer Runde, wo die Möglichkeit besteht, mitzuteilen, was gerade in dir lebendig ist ...

Thomas: (spricht schnell, atmet flach, die Worte wirken auf mich pathetisch, künstlich) Ich möchte etwas sagen! Also, ich bin gerade so dankbar! Es tut so gut, aus meinen Wächtern auszusteigen und wieder zu fühlen! Einfach so da zu sein, wie ich bin ... Und ehrlich zu dem zu stehen, was ich in mir wahrnehme. Da möchte ich auch einfach mal Danke sagen: Danke dir, Mike, für deine großartige Arbeit, wirklich ganz große Klasse! Auch der Gruppe möchte ich danken, wo jeder etwas Bereicherndes dazu gibt und ...

Ich: Stopp! Stopp bitte mal, in meinem Bauch zieht es sich zusammen, mir wird ja ganz übel ...

Thomas: Es ist wirklich so. Wenn ich noch daran denke, wie ich mich vor ein paar Wochen nur geschützt habe, ich wusste es da noch nicht besser, aber jetzt ...

Ich: Mh, ja ..., aber mir wird, während ich dir zuhöre, so übel, dass ich eine Angst in mir bemerke, mich übergeben zu müssen, bis hier oben (zeige auf die Kehle) ist es mir schon hochgestiegen … (Lachen in der Gruppe)

Anderer Teilnehmer: Mir geht's genauso …

Thomas (lacht mit): … dass man hier einfach so ehrlich sein darf …

Ich: Gleich, gleich …, noch ein paar Worte, dann kommt die Kotze wirklich raus …

Thomas: Ja, haha, dieser Humor auch … (Aufstöhnen in der Gruppe)

Ich: (ernst) Stopp jetzt. Hör mal auf mit dem Mist. Bei mir schlägt es um. Eben war noch Humor da, aber jetzt merke ich, dass Ärger in mir aufsteigt. Thomas, wie fühlt es sich gerade in deinem Körper an?

Thomas (antwortet sofort): Gut! Frei und locker …

Ich: Bevor du antwortest, geh mal bitte in den Kontakt: Spür hinunter zu deinem Bauch …, wie es sich jetzt in deinem Bauch genau anfühlt …

Sonja: Also ich fand es schön, was er gesagt hat. Bei mir ist es auch so, dass sich in meinem Leben so viel verän …

Ich: Stopp! Spüre auch du bitte in deinen Körper …, und nimm wahr, wer da gerade aus dir spricht …

Carola: (kriegt einen Hustenanfall) Ich muss raus!

Ich: Warte, Carola. Bleib mal hier und spüre exakt in deinen Körper, das geht … Und während du das tust, was geschieht hier im Raum gerade? Die Wächterenergie wird jetzt so stark, dass es kaum zu ertragen ist, in diesem Raum und im Körper zu bleiben. Dort, hier links, diese ganze Bank, ihr habt doch alle schon längst gekündigt und seid mit euren Gedanken nach draußen abgewandert! Genau jetzt wird es aber interessant: Jetzt im Körper zu bleiben und exakt hinzuspüren, anstatt den Wächtern zu folgen und nach oben auszuwandern. Was geht in dir jetzt gerade ab? Und während alles in dir weg will, dableiben im Körper, in den Bauch spüren und exakt die Empfindung wahrnehmen ...

Carola: ... bei mir ist jetzt besser! Der Husten geht weg, und ich spüre hier im Solarplexus-Bereich einen ... Kloß, einen festen, großen, schwarzen Kloß ..., und der will größer werden ...

Ich: Magst ihn wissen lassen, dass er das darf! Er darf das! Er darf so groß werden, wie er will. Magst deine Augen schließen, in Kontakt mit ihm gehen und ihn wissen lassen: Nimm mich ganz!

Carola: Wird sofort besser ..., puh, entspannt sich ..., ist jetzt nicht mehr so fest, der lockert sich auf ..., der Satz kommt hoch: Nie wieder heucheln!

Ich: Nie wieder heucheln!

Carola: Ja ..., jetzt wird etwas traurig ..., sehr, sehr traurig ...

Thomas: (weint) Ich hab' eben Scheiße gebaut ... Ich hatte solche Angst, dass ich wieder das Falsche sage und von dir eins abkriege ...

Ich: Ja ... Da ist ein kleiner Thomas in dir, der hat Angst, das Falsche zu sagen und wieder eins abzukriegen ...

Thomas: Ja ...

Ich: Was ist dem Kleinen passiert?

Thomas: Der ... (weint) ... Der hat vom Vater immer wieder eins in die Fresse gekriegt ... (schluchzt)

Ich: Ja, das hat er!

Thomas: (beruhigt sich) ... und dann alles dafür getan, dass sein Vater gute Laune hat ...

Ich: ... kein Wunder, dass er das getan hat ...

Thomas: Ja ..., kein Wunder, dass er das getan hat!

Ich: Okay ... Carola, wie ist es bei dir?

Carola: (lächelt) Viel, viel besser. Ich fühle mich richtig befreit.

Ich: (schaue zu Sonja) Und du?

Sonja: (nickt Thomas zu) Das hat mich jetzt berührt, was du gesagt hast. Danke.

Die energetische Wahrnehmung

Kennzeichen einer solchen Identifizierung mit einem Wächter, der die Gastgeber-Position eingenommen hat und sie simuliert, ist die energetische Spannung, unter der diese Person steht und die sie ausstrahlt. Der Inhalt mag sich gut und richtig anhören, es mag auch schmeichelhaft wie im Beispiel oben sein, unser Körper merkt jedoch, dass irgendetwas nicht stimmt. Wir werden in der Anwesenheit dieser Person eng und angespannt, und wenn wir das nicht mitbekommen, sondern dem Inhalt der Aussage folgen, rutschen wir hoch in die Gedanken und identifizieren uns ebenso mit einem Wächter (wie die Teilnehmerin Sonja). Dann reden auch wir plötzlich über die Dinge, betrachten sie, anstatt in den Kontakt hineinzugehen, wie es sich jetzt gerade anfühlt. Ich rede hier einer energetischen Wahrnehmung das Wort, einer Wahrnehmung, die das *Wie es sich jetzt im Körper anfühlt* an die oberste Stelle setzt, unabhängig von den Worten, die gesprochen werden. Wenn wir dieses Sensorium zulassen, dann merken wir, wie unser Körper auf die Situation, auf die Menschen, mit denen wir in Kontakt kommen, spontan reagiert. Das verhindert, uns mit den Inhalten, die gesagt werden, zu verstricken.

Wenn wir Leuten begegnen, die aus dem Wächter agieren, agieren wir selbst aus dem Wächter, automatisch, ohne dass wir es mitbekommen. Es ist ein energetisches Feld, das uns trifft und uns, wenn wir nicht im Körper anwesend bleiben und wahrnehmen, was in uns geschieht, sofort besetzt. Daraus können wir wieder aussteigen, wenn wir unsere Wahrnehmung zurück in den Körper lenken: Hey, wie fühle ich mich gerade, während ich mit ihm spreche? *Mh, nicht gut, irgendwie angespannt und unter Druck, vorsichtig, gebremst … Okay, ich bin nicht wirklich im Kontakt mit mir!*

Dieses Wiederanschalten der körperlichen Wahrnehmung, dieses Wiederbewusstmachen, wie es sich anfühlt, jetzt *wir* in dieser Situation zu sein, führt aus der Verstrickung heraus und befähigt uns, uns von dem energetischen Feld, das uns vom anderen entgegenkommt, abzugrenzen. Das müssen wir allerdings wieder zügig tun, sonst verschluckt uns das Wächter-Feld ganz. Je länger wir uns ihm aussetzen und darin verweilen, desto schwieriger wird es, wieder herauszukommen. Tun wir es nicht zügig, dann erdulden wir bald die Begegnung, ersehnen insgeheim das Ende, ohne aber dass wir selbst noch dafür eintreten könnten. Wir fühlen uns der anderen Person ausgeliefert, wir haben uns so sehr verlassen, dass wir der anderen Person auch die Entscheidung überlassen müssen, wann das Treffen beendet wird. Manchmal braucht es danach Stunden oder noch länger, um zu uns selbst zurückzufinden; manchmal gelingt es uns dennoch nicht, zu verstehen, was mit uns geschehen ist – und immer wieder geschieht, wenn wir diese bestimmte Person treffen.

In meiner Arbeit versuche ich so früh wie möglich, am besten in Echtzeit, die Ausbreitung des Wächterfeldes zu stoppen, indem ich es bewusst mache. Lasse ich eine Person, wo ich spüre, dass es mir Unbehagen erzeugt und im Bauch eng wird, einfach reden und winke das durch, dann rutscht die gesamte Gruppe, ich eingeschlossen, in eine Dissoziation vom Körper und emigriert in Gedanken in die Zukunft oder an einen anderen Ort. Es baut sich ein Feld der Verflüchtigung, des Beliebigen, des Unverbindlichen und Uninteressanten auf. Wenn ich hingegen nicht von diesem energetischen Spürgefühl, *wie es sich genau jetzt im Bauch anfühlt*, abweiche, sondern im Kontakt bleibe und offensiv damit arbeite, entsteht ein Feld von energetischer Dichte. Dieses Feld muss erst einmal entstehen; ist es etabliert, verstärkt es die energetische Wahrnehmung bei den Teilnehmern erheblich, und langsam aber sicher verschiebt sich die Priorität ihrer Wahrnehmung von den Gedanken zum energetischen Spürgefühl. Dann sprechen die Teilnehmer ganz anders als zu Beginn eines Seminars, jetzt sagen sie: „Das ist interessant, was bei mir gerade passiert ist: Als du das eben gesagt hast, zog es sich in meinem Bauch zusammen, genau hier, wie ein Messerstich, äh nein, nicht ganz, es war eher so, als ob ein Skalpell hier in meinen Bauch einfährt und einen ganz feinen, aber linken Schmerz erzeugt!"

Mit anderen Worten, im Verlauf dieser energetischen Verdichtungsarbeit kommen nicht nur die Gefühle immer mehr an die Oberfläche, sondern auch die konkreten Empfindungen im Körper, auf denen sie basieren. Dies ist eine Rückkehr in den Kontakt mit der Wirklichkeit unseres Erlebens, mit dem, was wirklich in unserem Körper in Echtzeit geschieht. Anstatt in der Kognition steckenzubleiben und mit Etiketten zu hantieren, die wir über unser Erleben kleben, sind wir wieder lebendig geworden – wieder mit dem im Kontakt, was wirklich in unserem Körper gerade lebt.

Kapitel 3:
Echte Präsenz

Anstatt eine Identität festzuschreiben, nur sie zu sein und aus ihrer Absicherung zu agieren, sind wir insofern zu einem Niemand geworden, dass wir ein Prozess sind, den wir bezeugen. Was in uns geschieht, machen wir zum Gegenstand unserer Wahrnehmung. Dann bemerken wir ein ständiges Oszillieren: eben noch der Kontakt zu der Empfindung im Körper, jetzt das Aussprechen und Benennen; jetzt das Eingreifen eines Wächters und das Hantieren mit Etiketten, das Bewerten, darauf die Reaktion in Form von Gefühlen; das Bemerken, dass die Energie nach oben rutscht und sich verflüchtigt, dann wieder die Rückkehr zu den körperlichen Empfindungen, bis hin zum Spürgefühl im Bauch. Das fließt alles, wir identifizieren uns damit nicht mehr, wir lassen es geschehen und werden vom Lebendigen selbst getragen. Wir haben keine Identität mehr, wir müssen nicht mehr wissen, wer wir sind. Und wir wollen das auch gar nicht mehr wissen! In diesem Moment ist der ewige Suchprozess, der mit der Festschreibung einer Identität einhergeht, beendet, weil er überflüssig geworden ist.

Zu abgehoben? Nun, wie bereits gesagt, wir müssen es erfahren – verstehen, es nachdenken können, reicht nicht. Dann machen wir wieder ein Konstrukt daraus, etwas, was wir haben und wegpacken, was wir vor uns herschieben und damit hantieren. Dann wissen wir wieder etwas. Etwas zu wissen, verhindert das Unwissen, etwas zu wissen und zu glauben, macht uns fest, verfestigt sich in uns zu einer Identität, und ehe wir uns versehen, sind wir aus dem Kontakt rausgerutscht und konstruieren wieder uns und die Wirklichkeit. Bald schon leiden wir wieder, geraten unter Veränderungsdruck und fangen an, uns erneut zu suchen, weil wir den Kontakt zum Lebendigen verloren haben. Aber nur der Kontakt zu dem, was in uns jetzt gerade lebendig ist, dieses Spürgefühl ins Ungewisse, wie es sich vage anfühlt, *wie es sich in seiner ganzen Vagheit anfühlt,* gerade wir zu sein, in diesem Körper, in dieser Situation – dieses Gesamtgefühl, jetzt und hier mit allem da zu sein – das erlöst, trägt und entbindet uns davon, uns wissen, haben und festschreiben zu müssen. Wir entstehen immer wieder neu, jetzt.

Anderen vormachen, alles sei okay

Der Gastgeber, diese Präsenz, ganz hier und jetzt da zu sein, hat also keine Identität. Die Präsenz ist die Präsenz, sonst nichts, und alles, was etwas ist, was Identität ist, ist nicht hier und jetzt, ist etwas Festes aus der Vergangenheit – so kurz sie auch zurückliegen mag. Auch die Vorstellung, wir seien durch unsere Hauthülle begrenzt, hier drinnen, innerhalb dieser Hauthülle sind wir, und da draußen, da sind die anderen, vor denen wir je nach Lage der Dinge unser Inneres verbergen oder offenlegen, hat nichts mit Präsenz zu tun. Überdies ist es eine Illusion: Nur scheinbar können wir anderen und uns selbst verbergen, was in uns vor sich geht. Während wir glauben, niemand bekomme etwas davon mit, was sich in uns abspielt, beeinflussen und blockieren wir die gesamte Situation auf einer energetischen Ebene. Wir schweigen dort, wo etwas gesagt werden muss, wir unterdrücken eine Wut, die in uns ist, und heucheln außen vor, alles sei okay. Die anderen, die Teil der Situation sind, merken energetisch, dass etwas nicht stimmt, können das aber nicht adressieren, nicht dingfest machen. Sie werden vorsichtig und unterdrücken ebenso, was sich in ihnen abspielt, oder sie werden anstelle unserer wütend. Wir sind Teil der Situation, wir sind in der Situation, wir sind die Situation. Wir sind nicht außerhalb der Situation, wir sind nicht nicht da. Wir können uns keine Auszeit von der Gegenwart und der Situation, wie sie ist, nehmen, allerdings können wir uns vormachen, wir könnten dies. Das nennt sich Dissoziation: Irgendetwas ist unangenehm, wird mir zu intensiv, also verlasse ich meinen Körper, ich denke darüber nach, was bei mir nicht stimmt, was ich morgen tue, wann ich wieder Urlaub habe, und wenn es wieder angenehmer ist, ja, dann bin ich bereit, zurückzukommen und wieder da zu sein. Das ist eine Illusion! Als ob dieses Dissoziieren keine Auswirkungen auf die anderen im Raume habe, nur weil wir nichts mehr sagen. Aber jeder, der hier mit uns im Raum ist, wird sich unbehaglich fühlen und nichts Veränderndes unternehmen können, sofern er dieses Phänomen nicht energetisch adressiert. Das Sensorium für dieses energetische Bewusstsein ist der Bauch: „Als du eben gelächelt hast und sagtest, bei dir sei alles okay, hat es sich hier im Bauch bei mir zusammengezogen, ich fühle ein Unbehagen!" Eine solche Aussage eröffnet den Zugriff auf die energetische Ebene. Nun kann ein anderer mitgehen und auch die Bewusstheit der energetischen Ebene anschalten: „Ja, stimmt, ich fühle mich auch nicht wohl. Es ist überhaupt nicht alles okay: In Wahrheit bin ich sauer! Vorhin hattest du mir so einen Blick zugeworfen, und ich fühlte mich nicht ernstgenommen." Wo dieser unterdrückte Konflikt offengelegt wird, kommt es zu einer Veränderung auf der energetischen Ebene, das können wir körperlich direkt spüren: Im Bauch wird es weiter, etwas entspannt sich, es ist wieder leicht, ganz da zu sein. Wir haben Verbindung – zu uns selbst, zu unserem Körper, zu der Situation, in der wir drinstecken. Dann werden wir von der Situation getragen und geführt, anstatt sie zu kontrollieren.

Energetisch geblockt werden

Wenn der andere hingegen der Einladung, auf der energetische Ebene bewusst zu werden, nicht folgt, *„aber* *bei mir ist wirklich alles okay, alles super!"* wird die Situation noch unbehaglicher bzw. auf der energetischen Ebene unaushaltbar – sofern wir weiterhin auf ihr bewusst bleiben. Dann fühlt es sich in unserem Bauch an, als würden unsere Eingeweide regelrecht durch einen Fleischwolf gezogen. Uns bleiben nur zwei Möglichkeiten: Die eine ist, das energetische Bewusstsein abzuschalten, die Präsenz aufzugeben, den Konflikt zu vermeiden und unsere Würde zu verlieren. Dann sagen wir: „Ah, okay, entschuldige, das hat nur mit mir zu tun, mir geht es heute einfach nicht so gut …", und wollen in dieser Weise irgendwie der Situation entkommen; die andere ist, weiterhin da zu bleiben und durch das Nadelöhr zu gehen, dann sagen wir: „Ich höre, wie du sagst, das alles doch super ist, und bei mir wird's im Bauch noch enger, noch schlimmer. Tatsächlich wird mir richtig übel." Ein Gegenüber, das absolut nicht bereit ist, in den Kontakt zu gehen – wie es zum Beispiel bei einer Begegnung mit einem emotional auf Verleugnung gepolten Elternteil geschehen kann – wird uns diese Aussage direkt ins Gesicht ableugnen und versuchen, uns von der energetischen Bewusstheit abzuziehen, nur um sie nicht selbst betreten zu müssen: „Vielleicht hast du was Schlechtes gegessen!" oder „Warum bist nur so gereizt? Ich mache doch gar nichts!" Wenn es sich so verhält, bleibt uns in der Regel nichts anderes übrig, als die Situation aufzulösen: Wir können es energetisch nicht aushalten, weiterhin in diesem Feld zu sein. Wir müssen gehen, oder den anderen bitten, zu gehen. Dabei ist es wichtig, nicht in Vorwürfe zu verfallen und doch wieder in die Falle einer inhaltlich-diskutierenden Verstrickung zu geraten. Der Grund, die Situation aufzulösen, ist kein inhaltlicher, sondern ein energetischer! Im Körper fühlt es sich nicht gut an, das muss nicht interpretiert, gedeutet oder beschönigt werden. Der Grund, warum wir gehen ist der, dass es unerträglich ist, mit unserem Körper in dieser Situation zu bleiben, und dass es es keine Chance gibt, das Feld zu verändern. Deswegen tragen wir unseren Körper woanders hin, sodass wir energetisch bewusst bleiben können. Wir brauchen keine weitere inhaltliche Begründung, die mag allenfalls unser Gegenüber brauchen, um die energetische Ebene zu verleugnen. Das ist jedoch seine Sache. Wir sind nicht dafür verantwortlich. Wir haben genug damit zu tun, selbst energetisch anwesend zu bleiben. Hingegen kostet es uns unsere Lebensfreude, wenn wir für einen anderen energetisch arbeiten oder für ihn die energetische Bewusstheit aufgeben.

Der bedingungslos liebende Therapeut

In manchen Leserbriefen und Rezensionen wird mir vorgeworfen, ich hätte keine Empathie, keine Spiritualität und keine Liebe in mir. Um zu heilen, müsse ein

Therapeut doch seine Klienten bedingungslos lieben, sich selbst ganz zurücknehmen und immer für sie da sein. Nur in einer solchen absolut druckfreien Atmosphäre könne Heilung geschehen. Ich glaube das nicht, dass dies heilsam wäre. Ich glaube, dies ist ein künstliches, zur Regression einladendes Setting. Ich halte es für toxisch, wenn ein Mensch einen solchen bedingungslos liebenden Therapeuten spielt, anstatt ehrlich zu sein und seine Grenzen und vor allen Dingen seine eigene Wunde und Verwundbarkeit zu offenbaren. Ein solcher Therapeut ist energetisch nicht anwesend und kann daher die energetische Ebene nicht adressieren. Er ist nicht echt, nicht präsent, sondern tut allenfalls so. Nicht, dass ich nicht selbst einmal als ein solcher Therapeut begonnen hätte. Aber wer mich heute kennt, wirft mir nicht vor, dass ich nicht echt sei, dass ich verberge, was ich denke und fühle, dass ich nicht bekenne, wie es mir gerade geht. Ich habe inzwischen den Mut, die Komfortzone zu verlassen und die Beziehung zu riskieren, wenn mein energetisches Spürgefühl das fordert. Wenn jemand in mir Wut erzeugt, dann kann ich das aussprechen, ohne Drama. Wenn ich mich durch jemanden belastet fühle, kann ich ihm das direkt sagen, während es geschieht. Wenn mich jemand leicht macht und beglückt und mein Herz berührt, dann kann ich ihm sofort danken, und nicht selten, wenn jemand seine Wunde bekennt und sie steht, fließen mir die Tränen. Das ist nun meine Auffassung davon, was wirklich hilft: dem anderen echt gegenüberzutreten und ihm nichts vorzumachen. Auf diese Wahrhaftigkeit ausgerichtet zu sein und zu bleiben, und, wenn sie verloren geht, alles in die Waagschale zu werfen, um sie wiederzufinden, das ist mein Ansatz.

Bei den Eltern präsent bleiben

Präsenz erhöht die Energie, bei uns selbst und bei allen anderen, die im Raum dabei sind. Hat jemand Präsenz, erlöst es alle. Ist jemand in einem Film, zieht es alle runter und die Energie fällt kolossal. Deswegen ist es nicht günstig, jemanden gewähren zu lassen, wenn er nicht in der Präsenz ist. Wenn er etwas, was in der Vergangenheit gefehlt hat, jetzt unbedingt haben will. Dieser energetische Missbrauch muss gestoppt werden. Man kann ihn daran erkennen, dass es im Bauch eng wird und sich ein Gefühl des Unbehagens einstellt. Etwas stimmt nicht. Dieses Störgefühl muss unbedingt ernst genommen und kommuniziert werden.

Manche Menschen fördern einen in der Präsenz, andere hindern einen daran. Wenn wir wissen wollen, ob uns jemand gut tut oder nicht, dann können wir einmal schauen, ob wir in seiner Anwesenheit mehr oder weniger präsent werden. Wenden wir diesen Wahrnehmungsfilter in Gegenwart unserer Eltern an, erkennen wir, wo wir zu arbeiten haben. Ich behaupte, die Verstrickung mit unseren Eltern erledigt sich dann, wenn wir in ihrer Anwesenheit präsent in unserem Körper bleiben, exakt bei unseren Empfindungen, sie jederzeit wahrnehmen und in Wahlfreiheit bekennen können, anstatt sie für das vermeintliche Wohlbefinden der Eltern zu ignorieren. Wenn wir das nicht tun können, dann befinden wir uns in einem Film von früher, spielen unsere Konditionierung neu durch und verleugnen unser authentisches Erleben. Das wirft uns richtig zurück. Deshalb bringt es auch nichts, Therapie zu machen und dies und das, wenn wir bei unseren Eltern nicht Farbe bekennen. Dann hängen wir noch immer im Bann der Eltern fest, werden in ihrer Anwesenheit korrupt, verleugnen uns, und werden dafür mit dem Verlust unserer Würde zahlen. Nein, überall Farbe bekennen, aber bei den Eltern ausgerechnet nicht, geht nicht auf. Bei den Tätern, bei den Verursachern unserer Konditionierung, genau dort müssen wir durch das Nadelöhr gehen und die Präsenz zulassen.

Um Präsenz zuzulassen und erlauben zu können, müssen wir zuvor unsere Wächter genau kennenlernen. Wir können sie als fremde Wesen betrachten, die ein eigenes Schicksal haben. Erst wenn wir verstehen, was sie bewegt, warum sie entstanden sind und wie sie aufeinander reagieren, können wir sie erkennen und uns von ihnen abgrenzen. Wie vielleicht schon aufgefallen ist, spreche ich nicht nur von einem Wächter, sondern von mehreren.

Kapitel 4:
Wie die Wächter uns beherrschen

Um unsere Abspaltung zu heilen, müssen wir zunächst genau erkennen, wie sie funktioniert und wer in uns dabei am Werke ist. Wie wir bereits gesehen haben, gibt es Teile in uns, die unsere Persönlichkeit übernehmen, und andere Teile, die während wir übernommen worden sind, in Verbannung leben, das heißt, nicht mehr von uns wahrgenommen werden können. Wenn wir etwas in uns verändern wollen, scheitern wir daran, dass wir eben diese verbannten Teile unserer Persönlichkeit nicht mit ins Boot holen und deshalb unter Druck stehen. Das gilt bei vermeintlichen Kleinigkeiten, wo wir eine schlechte Gewohnheit ablegen wollen (uns es aber einfach nicht gelingen will), vor allem aber betrifft es unsere großen Lebens- und Beziehungsthemen, wo wir die ewige Wiederholung des Immer Gleichen aufführen.

Innere Kinder übernehmen uns

Die Teile unserer Persönlichkeit sind innere Kinder: jüngere Versionen von uns, die in unserer Vergangenheit steckengeblieben sind, weil sie nicht gehört worden sind. Sie sind entweder bedürftig oder haben Angst, dass wieder das Schlimme von früher passiert. Wenn uns solche inneren

Kinder besetzen, verlieren wir unsere Präsenz, das heißt, wir sind nicht mehr in unserem Körper gegenwärtig. So kann es zum Beispiel passieren, dass eine Frau, die im Job eine führende Position einnimmt, sich zu Hause bei ihrem Partner unterordnet und zu einem eingeschüchterten Kleinkind wird – ohne, dass sie weiß, wie ihr geschieht, noch aus diesem regredierten Zustand herauskommen kann. Ein solches Kleinkind in uns können wir nicht wegmachen. Je mehr wir gegen unsere inneren Kinder ankämpfen, desto stärker geraten wir in ihren Bann.

Was wir aber machen können, ist, uns – aus der Präsenz unseres Körpers im Jetzt – unseren bedürftigen inneren Kindern zuzuwenden und ihnen die Erlaubnis zu geben, in uns genauso da sein zu dürfen. Das verändert alles. Dann sagt die Frau aus dem Beispiel zu ihrem Partner: „Du, das ist interessant! Du sagst, du fühlst dich eingeengt, und ich bemerke, wie sich gerade etwas in meinem Bauch zusammenzieht. Da ist jetzt eine Panik in mir, dich verlieren zu können, und ich merke, dass ich zu jedem Opfer bereit bin, damit das nicht geschieht ... Wo ich das jetzt ausspreche, erinnere ich, dass ich früher alles getan habe, damit mein Vater nicht wieder weggeht und sich betrinkt. Ich habe wirklich ein Kind in mir, das immer noch diese Angst hat, das könnte wieder passieren, ganz so wie früher!" Diese Frau, die sich hier zu ihrem verlassenen inneren Kind bekennt, atmet erleichtert auf, so als sei eine Zentnerlast von ihren Schultern gefallen. Ihr fehlt jetzt nichts mehr, sie ist ganz da, voll präsent in ihrem Körper. Dieses verlassene Kind muss nicht verändert oder gerettet werden, es muss jetzt nichts hinzukommen. Es reicht, dieses Kind anzuerkennen: *Ah, das ist wirklich gerade in mir!* Dann kommt der tiefe Atem der Erleichterung. Dieses bestimmte Gefühl, ausgesöhnt und ganz mit uns verbunden zu sein, wird uns geschenkt, wenn wir uns zu unserem verlassenen inneren Kind bekennen.

Der innere Kritiker will uns vor Schmerz schützen

Nun ist das nicht so ohne weiteres getan, solche Gefühle wie Panik, Angst, Wut, Eifersucht, Schmerz und Gekränktsein zu fühlen, anzuerkennen und zu bekennen, ja uns überhaupt zuzugestehen, dass solche Gefühle in uns sein dürfen. Warum können wir das nicht einfach in Echtzeit fühlen und ausdrücken? Warum ist das so schwer? Warum müssen wir beweisen, dass wir stark sind, und bringen manchmal Tage und Wochen damit zu, gegen solche Gefühle wie Eifersucht und Angst anzukämpfen? Bis wir vor der Anstrengung kapitulieren und endlich zulassen, was uns wirklich reitet! Die Antwort kennen wir bereits: Wir haben Teile in uns, die uns vor Schmerz schützen wollen – unsere Wächter. Auch unsere Wächter sind innere Kinder. Eines dieser Kinder hat sich, als wir in unserer Kindheit mit schwierigen

Gefühlen alleingelassen worden sind, geopfert, so zu sein, wie unsere Eltern oder Bezugspersonen uns haben wollten. Dieser Teil wird, häufig abwertend, als innerer Kritiker bezeichnet. Es ist diese Stimme in unserem Kopf, die uns ständig klar macht, dass wir nicht genügen, nicht okay sind, und die uns ständig unter Druck setzt. Ein anderes inneres Kind rebelliert gegen diesen Druck, ist voller Wut und will genau das Gegenteil von dem tun, was uns unser innerer Kritiker vorschreibt. Dieser Rebell, wenn er uns ergreift, kommt mit einer Empörung durch uns durch, die uns mit ihrer Lebendigkeit derartig mitreißt, dass wir glauben, dem Leben selbst das Wort zu reden. Dann begehen wir zum Beispiel Exzesse, in denen wir eigentlich den inneren Kritiker verhöhnen. Auch dieser innere Rebell ist ein Wächter. Beide, innerer Kritiker und innerer Rebell, führen einen Kampf auf, ein Hin- und Her, das unsere gesamte Aufmerksamkeit einfordert.

Nie mehr Schokolade essen

Wir nehmen uns vor, heute damit anzufangen, keine Süßigkeiten mehr zu essen (innerer Kritiker). Den ganzen Tag über denken wir jetzt über Süßigkeiten nach und was es bedeutet, sie nie wieder zu essen. Um fünf Uhr nachmittags sind wir fertig. Es ist so anstrengend, so geistlos, dass wir ein solches Leben, wo sich alles nur noch darum dreht, keine Schokolade mehr zu essen, nicht weiterleben wollen (innerer Rebell). Der Gedanke *Ich scheiß auf alles!* kommt mit einer unglaublich intensiven Berechtigung hoch. Nun knallen wir uns drei Schokoladen rein. Der Versuch, keine Schokolade zu essen, hat also dazu geführt, mehr Schokolade zu essen als jemals zuvor. Danach, wenn der Rebell befriedigt ist, melden sich Schuldgefühle (innerer Kritiker und verlassenes inneres Kind), und das Ganze geht von vorne los. Dieser innere Kampf ist so suggestiv, verstrickt uns so sehr, dass wir unseren Körper, vor allem unseren Bauch, nicht mehr spüren können und den Kontakt zu unseren schwierigen Gefühlen wie Wut, Angst, Panik oder Verlassenheitsschmerz, verlieren. Das aber ist der Auftrag unserer Wächter: diese Gefühle, dieses verlassene innere Kind aus unserer Wahrnehmung zu verbannen.

Abbildung 4:
Rebell – innerer Kritiker – verlassenes inneres Kind

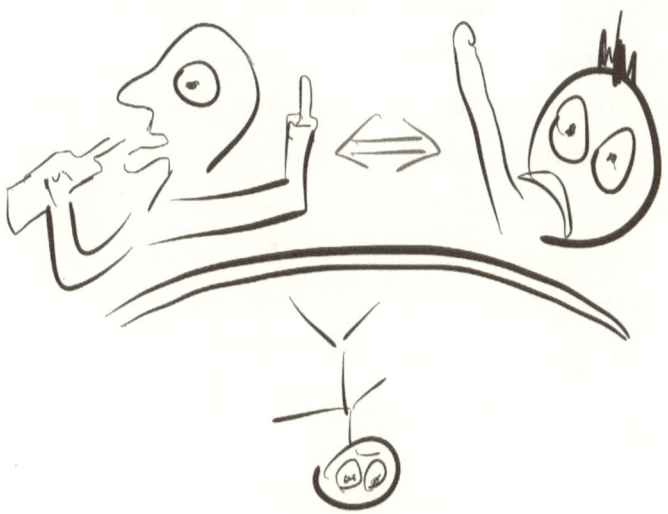

Wächter steuern unsere Beziehungen

In der gängigen Abstand-Nähe-Problematik in unseren Beziehungen zeigt sich diese Dreier-Konstellation noch deutlicher:

Phase 1: Wir verlieben uns in einen Partner.

Alle Teile sind zufrieden, Hochgefühl: Der Auftrag von innerem Kritiker und Rebell ist erfüllt, die Verlassenheitsgefühle werden nicht mehr gespürt. Wir sind identifiziert mit der Sehnsucht unseres verlassenen inneren Kindes, nie mehr verlassen zu werden.

Phase 2: Der Partner verunsichert uns.

Verlassenheitsgefühle kommen hoch, Enttäuschung: Innerer Kritiker und Rebell übernehmen und gehen eine Allianz ein, sie sagen, die Beziehung ist doch nicht gut für uns. Wir distanzieren oder trennen uns.

Phase 3: Das verlassene innere Kind überwältigt uns

Die Gefühle des verlassenen inneren Kindes, Liebeskummer und Sehnsucht, werden so stark, dass sie von den Wächtern nicht in Verbannung gehalten werden können. Nähe ist die einzige Lösung. Unter erneuter Idealisierung versuchen wir, unseren Partner zurückzugewinnen. Oder wir ersetzen den Partner. Und das Ganze geht von vorne los …

Wenn wir noch hinzunehmen, dass unser Partner komplementär genau den gleichen Prozess durchläuft, wird klar, warum unsere Beziehungen innerhalb dieser Identifizierungen nicht befriedigend sein können und immer wieder dasselbe Beziehungsmuster abbilden.

Radikal ehrlich kommunizieren

Diese Muster, diese Identifizierungen können nicht verändert werden! Der Versuch, sie abzulegen, ist bereits wieder eine Identifizierung (Eine Identifizierung liegt immer vor, wenn wir gegen etwas, was in uns ist, vorgehen und es verändern wollen). Wir können allerdings diese Identifizierungen anerkennen, erlauben, sie erforschen – und kommunizieren! Dann entsteht eine Verbindung außerhalb der Identifizierungen, wo wir einander sowohl unsere Abwehrreaktionen (innerer Kritiker- Rebell) als auch unsere Verlassenheitsgefühle und Ängste (das verlassene innere Kind) bekennen können. Das ist dann eine intime Beziehung, eine Beziehung, wo wir radikal ehrlich zueinander sind. Hier agieren wir nicht mehr aus der Abspaltung von inneren Anteilen und sind daher aus der Konditionierung unserer Kindheit herausgetreten.

Dieses gerade durch seine Einfachheit hocheffektive Modell unserer konditionierten Psyche ermöglicht es uns, Bewusstheit über unsere Identifizierungen, über unser Verschmolzensein mit unseren inneren Kindern zu erlangen. Das mag erleichternd sein, birgt allerdings die Gefahr, nur ein weiteres neues Konzept in sich zu bewegen – und es erneut beim Denken und Analysieren zu belassen. Das verändert nichts. Mit Recht sagt Gene Gendlin, der Begründer des Focusing: Nur was gefühlt wird, kann sich verändern. Anstatt sich an ein neues Konzept zu klammern, geht es darum, eine spürbar emotionale Beziehung zu unseren inneren Kindern einzugehen, das heißt, direkt in die körperlichen Empfindungen hineinzuspüren.

Erlauben, was sich wehrt

Diese erlaubende Haltung, alles in uns, was sich meldet, als ein inneres Kind, das gehört werden will, wahrzunehmen, wird dann schwierig, wenn unsere Wächter ihren Auftrag gefährdet sehen, die Gefühle unseres verlassenen inneren Kindes zu unterdrücken. Dann versuchen sie, die Position des Selbst einzunehmen: Wenn wir versuchen, in unseren Körper zu spüren und mit dem fünfjährigen Kind in unserem Inneren in Kontakt zu kommen, wird unser innerer Kritiker der Erste sein, der sich meldet und die Arbeit verhindert. Wir sagen zu uns: „Hallo mein Schatz, ich bin da!" und versuchen in unseren Körper zu spüren, und dann merken wir, wie eine

Stimme sagt: *Ne, das geht nicht, du kannst das nicht. Das Treffen morgen, da musst du noch ein Geschenk besorgen, schon vergessen? Übrigens, du bist ein Kopfmensch, weißt du doch! Du machst alles aus dem Kopf, sicherst dich immer ab und kontrollierst, Fühlen ist bei dir doch sowieso nicht drin' ...*

Den inneren Kritiker einfangen

Essentiell in dieser Arbeit mit dem inneren Kind als auch für unser Wohlbefinden generell ist: die Stimme unseres inneren Kritiker einzufangen! Wenn wir sie bewusst hören, können wir uns von ihr abgrenzen! Denn auch diese Stimme ist ein Etwas, das wir bewusst wahrnehmen und in uns erlauben können. Dann glauben wir dieser Stimme nicht mehr, sondern behandeln sie wie ein Kind, das um Aufmerksamkeit ringt. Wir diskutieren nicht mit dieser Stimme oder widerlegen sie etwa, wir verstricken uns nicht mit ihr, sondern lassen sie wissen, dass wir sie wahrnehmen und dass sie uns das sagen darf. „Ah ja, hallo, da ist diese Stimme in mir, die jetzt sagt, du kannst das nicht. Hallo, ja, du bist da. Ich nehme dich wahr!"

Wenn wir uns so von dieser Stimme abgrenzen, können wir in der Regel sofort wieder in unseren Körper spüren. Die Wächter sind aber dann nicht weg, nur werden sie jetzt im Körper spürbar: Wo wir die Stimme des inneren Kritikers anerkannt haben, merken wir nun einen Schirm, eine Mauer oder einen Schutzwall in Höhe unseres Zwerchfells. Dann sind wir auf die Ebene der Empfindungen angelangt: *Die sinnesspezifische Wahrnehmung unserer körperlichen Empfindung ist die entscheidende Ebene für Veränderung!* Wir erfahren unsere inneren Anteile im Körper, es ist keine Kopfgeburt mehr. „Ah, ich habe hier wirklich so einen Schutzwall in mir, er fühlt sich hart an, undurchdringlich, ich glaube, es ist Metall, ja, ein richtiger Schirm aus Stahl! Ja, du bist in mir. Hallo, ich nehme dich wahr!"

Die Veränderung *wirklich* erfahren

Wenn wir in dieser körperlichen Tiefe arbeiten und das bestätigen, was sich in uns meldet, geschieht Veränderung, nicht in unserem Kopf, nicht durch unsere Interpretationen, sondern direkt sinnlich erfahrbar: Der Schirm verändert sich! Der Stahl zerfließt und wird durchlässig, oder der gesamte Schirm verkleinert sich. Plötzlich nehmen wir etwas wahr, was darunterliegt, zum Beispiel eine dunkle Masse. Die begrüßen wir auch. Dann spüren wir vielleicht eine Traurigkeit und Einsamkeit. Wir lassen nun diese dunkle Masse wissen: „Hallo mein Schatz, ich spüre, wie traurig und wie einsam du bist."

Nun kann es sein, dass diese dunkle Masse (das verlassene innere Kind) sich vergrößert und die Traurigkeit aus unserem Bauch hochsteigt, bis in die Kehle und in unsere Augen, wir beginnen zu schluchzen und zu weinen. Währenddessen sind wir aber im Körper ganz da und bleiben exakt bei den Empfindungen. Wir fühlen, wie es ist, so traurig zu sein, zu schluchzen und zu weinen – *ohne davon überwältigt zu sein!* Wir sind *mit* diesen Erfahrungen in unserem Körper anwesend! Dieses Dabeibleiben, dieses Im-Kontakt-Bleiben mit der Empfindung, auch wenn sie intensiv wird, ist die entscheidende, verändernde Arbeit. Plötzlich mögen Erinnerungen aus der Kindheit aufsteigen, und dann sehen wir dieses Kind, das wir einmal gewesen sind, wie es eine sehr schwere Erfahrung durchmacht. Wir lassen uns das zeigen, bestätigen es in jedem Schritt, und gehen mit diesem Kind durch diese schwierige Erfahrung hindurch. Wir begleiten dieses innere Kind durch alle seine Gefühle.

Wenn das geschieht, löst sich etwas in uns, in unserem Körper! In der Regel kommt ein tiefer Atem von unten, und wir fühlen, wie etwas von uns abfällt, es plötzlich leicht wird. Nun sind wir körperlich ganz anders da, ausgesöhnt mit uns, ganz verbunden mit unserem Körper und unserem Bauch. Der Zwang, denken und uns suchen zu müssen, fällt weg, stattdessen ist dieses Gefühl da, dass alles in uns fließt und sein darf, wie es gerade ist. Das ist die Arbeit mit dem inneren Kind, wie ich sie verstehe. Sie findet in der Tiefe unseres Körper statt, dort geschieht die Veränderung.

Kapitel 5:
Durch das Nadelöhr gehen

Wächter sind innere Kinder, die von uns nicht gehört worden sind und nicht gehört werden. Wenn Wächter uns übernehmen, sind wir also nicht da, wir sind nicht mehr *präsent*, sondern verschmolzen mit ihnen. Präsenz ist jedoch der Schlüssel. Einem Wächter zuzuhören, heißt da zu sein, während er aktiv ist, aber nicht mit ihm verschmolzen zu sein, denn in der Verschmolzenheit können wir ihm nicht zuhören.

Diese inneren Wächter-Kinder sind in unserer Kindheit durch traumatische Erfahrungen entstanden, Erfahrungen, in denen wir mit Gefühlen allein geblieben sind, die wir nicht integrieren konnten – überwältigende Emotionen, die unser Nervensystem überforderten und die wir nicht ausdrücken durften und konnten. Um trotzdem weiterleben zu können, fand unser Nervensystem die lebensrettende Lösung darin, diese Gefühle abzuspalten, also aus unserer Wahrnehmung zu entfernen. Dieser Prozeß war uns nicht bewusst. Niemand hat sich als Kind gesagt, das ist zu viel für mich, ich spalte das ab. Stattdessen geschah es mit uns. Wir verloren unser authentisches Sein, wir verloren den Kontakt zu dem, was wir wirklich fühlten, und begannen uns stattdessen zu konstruieren. Aus unserer

Ganzheit sind wir herausgefallen und in eine Fragmentation unserer Psyche gerutscht, das heißt, wir sind in Teilpersönlichkeiten zersplittert, die uns wechselweise übernehmen und dann jeweils die anderen Teile unserer Persönlichkeit aus unserem Bewusstsein verdrängen. Daher befinden wir uns seit der Zeit, wo die traumatischen Erfahrungen unser Nervensystem überlasteten und das Notfallprogramm der Spaltung aktiviert wurde, in einem ständigen Suchprozess.

Der innere Kritiker übernimmt

Der Teil, in den wir durch die Spaltung als Erstes rutschen, oder anders ausgedrückt, der Teil, der als Erstes die Position der Präsenz einnimmt und besetzt hält, ist das Kind, das sich an die Erwartungen unserer Bezugspersonen anpasst und sie zu erfüllen versucht. Dieses Kind, dieser Teil von uns, tut so, als sei er unsere Eltern und wisse, wie wir zu sein haben. Er stellt uns etwas Statisches hin, eine Idealvorstellung, und sagt: *So musst du sein, sonst bist du nichts wert!* Der Druck, den dieser Teil aufbaut, ist existenziell, es geht für ihn um Leben oder Tod. Wer wir wirklich sind, was wir wirklich fühlen, interessiert diesen Teil nicht. Ihn interessiert ausschließlich, dass wir das Richtige hervorbringen und leisten, egal wie. Härte, Disziplin, hart gegen sich selbst sein, kämpfen, Erfolg erringen, das ist seine Devise. Dieser Teil ist zwar ein Kind, spricht aber in der Stimme eines autoritären Erwachsenen mit uns, und er schaut immer von außen auf uns: Wie es von außen aussieht, was wir tun und sind, das ist für ihn das Entscheidende. Wir sind aus seiner Sicht ein Objekt, das man verändern kann und muss, und zwar mit Druck. Je mehr Druck er ausübt, glaubt er, desto sicherer und größer ist die Veränderung. Wenn unsere Eltern brutal gegen uns vorgegangen sind, dann tut es unser innerer Kritiker auch. Dann beschimpft er uns, erniedrigt uns und schlägt regelrecht auf uns ein: *Du Versager, du nichtsnutziges Stück Dreck, sieh, was wieder geschehen ist, weil du es einfach nicht bringst. Du bist so erbärmlich, eigentlich dürfte so etwas Fehlerhaftes wie du gar nicht existieren. Wenn jemand nur im Entferntesten ahnen würde, was wirklich in dir los ist, mein Gott, wie peinlich wäre das! Du bist so widerlich, so völlig kaputt! Ändere dich, ändere jetzt dein Leben, und zwar ganz und gar, sofort! Sonst passiert das Schlimmste.*

Verschmolzen mit dem inneren Kritiker

Manchmal verschmelzen wir ganz und gar mit unserem inneren Kritiker. Wenn wir voll mit unserem inneren Kritiker identifiziert sind und direkt aus ihm sprechen, dann tun wir so, als hätten wir keine Probleme, und wir haben auch keine Toleranz dafür, dass Menschen instabil sind oder Anfechtungen erleiden. Die Lösung für alle Probleme ist ganz einfach, sie besteht immer darin, den Druck zu erhöhen: Verändere dich, mach es so und so, basta! Es scheint, als gäbe es gar kein Innenleben, keine Gefühle oder Konflikte, sondern als könne man per Entscheidung und Vorsatz einfach alles mit sich anstellen.

Sind Menschen identifiziert mit dem inneren Kritiker, dann verlieren sie jeden Kontakt zum Lebendigen und richten sich darin ein, alles Lebendige, alles Kindlich-Vitale in sich abzutöten. Sie können auch ihren Körper, vor allem die subtilen Empfindungen im Bauchbereich, nicht mehr spüren. Diese Verarmung der Persönlichkeit kann zusätzlich zementiert werden, wenn man sie mit entsprechenden Denkmodellen rechtfertigt, beispielsweise dem Positiven Denken, oder sich einem pseudo-spirituellen System verschreibt, das einen Heilsweg vorgibt und Disziplin und Entsagung vergöttert. Anstelle des Risikos, mit dem in Kontakt zu gehen, was wirklich in uns lebendig ist, wird ein Deutungsmodell angelegt, das immer schon weiß, worum es geht und welches Ergebnis herauskommen soll. Dies führt zu einer hermetischen Abriegelung des Innenlebens: Anstatt zu fühlen und offen zu empfinden, betrachten wir von außen, wie wir fühlen müssten. Wir sprechen keine Gefühle mehr aus, sondern begründen Tatsachen, und nicht selten verraten wir unsere Identifizierung mit dem inneren Kritiker, indem wir von uns in der dritten Person sprechen: „Wenn man seinen Hund verliert, ist man natürlich traurig, schließlich hat man ja zehn Jahre mit ihm verbracht. Da dauert es natürlich ein paar Tage, bis man sich daran gewöhnt hat."

Der innere Rebell reagiert

Auf diesen *Ändere dich oder stirb!* – Druck des inneren Kritikers reagiert dann der Counterpart mit Wut, Empörung und Trotz! Dieser Rebell, der wie ein Teenager gegen die Vorgaben des inneren Kritikers aufbockt, bringt etwas Lebensbefreiendes, Erlösendes mit sich. Folgen wir ihm, identifizieren wir uns mit ihm, *ah ja, das ist das Leben, das glaube ich jetzt ganz und gar*, sind wir für den Moment vom Druck des inneren Kritikers befreit, eben weil wir gegen ihn rebellieren. Dann veranstalten wir Exzesse, tun etwas Verbotenes, und wollen dabei nur eines, nämlich den Vorgaben unseres inneren Kritikers Hohn spotten.

Die Reaktion darauf sind dann Schuldgefühle. Diese Schuld ist nun aber nichts anderes als die Rückkehr des gnadenlosen inneren Kritikers, der auf uns einschlägt, wie es früher die Bezugspersonen getan haben, die uns beschämten. Nun identifizieren wir uns mit dem verlassenem inneren Kind, das Kind, das etwas falsch gemacht hat und gnadenlos dafür abgestraft wird. Mit anderen Worten: Wir versinken in der Scham.

Dieser Ablauf, diese innere Konstellation ist in Stein gemeißelt. Es passiert immer wieder. Es ist das ewige Wechselspiel von Druck, Scham und Schuld, genannt Neurose. Aus diesem Kreislauf können wir aussteigen, wenn wir unsere inneren Stimmen einfangen, das heißt, wenn wir mitkriegen, was wir denken, anstatt es zu glauben und loszurennen. Wenn wir das, was wir denken, da sein lassen, es also weder betreiben noch weghaben wollen, befreien wir uns aus der Identifizierung und gelangen hinunter in den Bauch, in den Raum jenseits unserer Konditionierung. In diesem Raum spüren wir, wie wir jetzt da sind. In diesem Raum üben wir keine Kontrolle mehr aus, sondern sind im Kontakt mit dem, was wirklich in uns lebendig ist; was noch keine Sprache hat, sondern vage ist, ungeformt und offen. In diesem Raum können wir frei atmen.

Wenn das verlassene innere Kind hochkommt

Die Stimmen unserer Wächter können wir nur einfangen und da sein lassen, wenn wir offen sind für unsere Verletzbarkeit, wenn wir unsere Angst, unsere Panik, unsere Wut fühlen dürfen und bereit sind, mit unseren Schmerz spürend in Kontakt zu gehen. Dann erübrigt sich die Funktion der Wächter, uns von diesen Gefühlen abzulenken und zu schützen. Das eine, dieses die Wächter so da und sein lassen, fällt also mit dem anderen, dem Spüren unserer Verwundbarkeit, zusammen. Dieser Prozess, uns aus der Identifizierung mit den Wächtern herauszudestillieren und zu unserer Verwundung hinzuspüren, bezeichne ich metaphorisch als in die Enge des Nadelöhrs einzutreten.

In die Enge des Nadelöhrs werden wir hineinkatapultiert, wenn uns das verlassene Kind übernimmt. Zum Beispiel, wenn uns ein Beziehungspartner verlässt, an den wir gebunden sind. Wie werden wieder genau zu dem Kind, das einmal von der Mutter verlassen worden ist, und unsere Partnerin wird zu dieser Mutter, der wir so ausgeliefert waren. Dieses im Damals stehengebliebene Kind kommt in uns hoch und übernimmt uns vollständig: Die Welt ist wieder genau so wie damals, kein Moment scheint seitdem vergangen zu sein. So sehen wir in unserer Partnerin oder Partner nicht mehr sie oder ihn, nicht mehr den Menschen, sondern nur noch das böse Gesicht unserer Mutter oder unseres Vaters. Die kontrollierende Aktivität der Wächter wird jetzt maximal, um die Verlassenheitsgefühle, deren Abspaltung und Unterdrückung Sinn und Zweck ihrer Existenz ist, doch noch unten halten zu können. In der Identifizierung mit unseren Wächtern versuchen wir alles, um unsere Partnerin (Im Folgenden aus männlicher Sicht beschrieben, bitte entsprechend komplementär ersetzen.) zurückzugewinnen und uns ihrer Liebe zu versichern. Ihre Liebe, ihre ungeteilte Zuneigung entscheidet über unsere Existenz, es geht für uns um Leben oder Tod. In dieser Identifizierung legen wir unser Glück oder Verderben in die Hand unserer Partnerin. Da das Abhängigkeit bedeutet, versuchen unsere Wächter auch dies zu verdecken und Macht zurückzugewinnen. Sie wollen diese Gefühle da unten in den Griff bekommen und beseitigen, und zwar mit allen Mitteln, zum Beispiel, indem wir unsere Partnerin gegen eine andere Frau austauschen. Die andere Frau wird ausschließlich dazu benutzt, die Gefühle, die unsere Partnerin in uns antriggert und die ihren Ursprung in der kindlichen Beziehung zu unserer Mutter haben, zu betäuben. Doch wenn diese neue Frau nicht diese Mutterübertragung erfüllt, wenn sie nicht ebenso wie unsere Partnerin die Mutter in uns anzutriggern vermag – wir also nicht das gute Gesicht der Mutter in ihr sehen und uns verlieben –, dann kann uns diese Frau nur oberflächlich betäuben. Wir bleiben an die vorherige Frau gebunden, weil sie diese Gefühle, die eigentlich unserer Mutter gelten, wachzurufen vermag. Sie braucht nur anzurufen, und wir lassen die andere wieder fallen.

Gelingt es uns aber, unsere Partnerin wiederzugewinnen, verlieren wir schlagartig den Kontakt zu unserem verlassenen inneren Kind, und unsere Wächter haben ihr Ziel erreicht, die Verlassenheitsgefühle zu verbannen. Der Wahnsinn, der uns trieb, hört auf, das heißt, die Wächter beruhigen sich. *Was war denn das für ein Trip? Was war denn mit mir los?* Dann waren wir noch gestern aufgelöst und in schwerster Krise, heute, wo wir unsere Partnerin wiederhaben und sie uns gerade ihre ungeteilte Zuneigung schenkt, sind wir wieder stark, sicher und stabil. Wir scheinen wieder unverletzbar zu sein, die Welt ist wieder in Ordnung – aber nur in der Identifizierung mit unseren Wächtern! Momentan haben sie zwar wieder die Kontrolle, aber das verlassene Kind schwelt im Untergrund. Sobald wir bemerken, dass unsere Partnerin ihre Zuneigung wieder abzieht, kommt das Bedrohungsgefühl wieder hoch – und die Panik des Kindes, das von seiner Mutter verlassen wird. Die Rückgewinnung unserer Partnerin – und die damit verbundene Sicherheit – offenbart sich als ein Scheinsieg, der uns in der Tiefe keinen Schritt weiterbringt. In der Tiefe wartet unser verlassenes und verratenes Kind in seinem Trauma nach wie vor darauf, abgeholt, voll anerkannt und gefühlt zu werden. Es wartet darauf, zu uns dazugehören zu dürfen. Wir können es nur abholen, wenn wir dem Zug unserer Wächter widerstehen, der, wie beschrieben, so gewaltig ist, weil er sich aus dem Überlebens-Programm *Das darf nie wieder passieren!* speist. Das meint: In unserem Körper zu bleiben, wenn das verlassene Kind hochkommt, und die Empfindungen, die hinter den Etiketten von Panik, Eifersucht, Verraten- und Verlassenheitsgefühl stecken, exakt sinnesspezifisch zu fühlen. Das ist *Durch das Nadelöhr hindurchgehen*: Dableiben, fühlend dabei bleiben, während unsere Wächter uns maximal in die Gedanken ziehen. Dass wir *bemerken*, wie wir uns in die Gedanken an die andere Person verlieren, wie wir nur noch darüber nachdenken, was sie wohl mit wem hat und wie wir sie zurückgewinnen können – und sobald wir das bemerken, zu den Empfindungen hier unten im Bauch zurückkehren und wieder sinnesspezifisch ganz nah in den Kontakt gehen und sie begleiten. So durchschreiten wir die Enge des Nadelöhrs, indem wir in unserem Körper dableiben, während alles in uns flüchten will.

Kapitel 6:
Wächter - Allianzen

Wenn wir Zugang zu unseren Wächtern, dem inneren Kritiker und dem Rebell, sowie zu dem darunterliegenden verlassenen inneren Kind haben, können wir bemerken, wie wir zwischen diesen drei Positionen oszillieren. Zum Beispiel merken wir, dass wir unter Druck geraten sind, und dass etwas in uns wütend wird. Wir hören die innere Stimme, die uns sagt: *Du musst dies und das!*, und wir spüren die Auflehnungsenergie in uns, *Nein, keinen Bock mehr, ich will frei sein!*, wir überlegen, wie wir frei sein könnten, und dann fallen uns die gravierenden Konsequenzen auf, die eventuelle Schritte nach sich ziehen könnten. Wir bekommen Angst, das verlassene innere Kind meldet sich. Wenn wir diese Teile in uns kennengelernt und erforscht haben, merken wir, dass sie immer in uns sind und können uns in Echtzeit von ihnen separieren, wir können alle drei Stimmen identifizieren und zwischen ihnen in Wahlfreiheit oszillieren. Wir glauben die jeweiligen Positionen nicht mehr als endgültige Wahrheit, oder wenn, dann nur kurzfristig, sondern nehmen sie als mögliche Perspektiven wahr.

Dieses Modell der Wächter kann uns dabei helfen, Bewusstheit über unsere inneren Anteile zu entwickeln und ihr Wechselspiel zu erforschen. Was nicht funktioniert, aber immer wieder von Seminarteilnehmern versucht wird, sobald sie dieses Modell verstanden haben, ist, nicht und niemals wieder in die Wächter oder ins innere Kind zu fallen, sondern stattdessen nur noch im Gastgeber zu bleiben. Das aber ist ein erneutes Konstrukt, um Kontrolle über das Innenleben zu erlangen, und deshalb ist das Resultat ausschließlich Anstrengung. In Wahrheit sind wir hier mit dem inneren Kritiker identifiziert, der den Gastgeber als Idealzustand erkannt hat, und nun Druck macht, ständig in diesem Gastgeber zu sein. Aber nie können wir diesem Gastgeber ferner sein, als wenn wir ihn suchen und ihn uns aufpfropfen wollen.

Hingegen gewinnen wir diese Gastgeber-Position zurück, indem wir anerkennen, dass wir ihn verloren haben, und wahrnehmen, wer in uns wirklich am Werke ist. Und wie sich das gerade anfühlt, wir zu sein. Nicht durch mühsame Dauerarbeit erlangen wir die Position des Gastgebers, sondern durch Genuss: Dadurch, dass wir das, was sowieso in uns ist, absichtlich stark machen und gerade dadurch genießen, wirklich wir zu sein. Es geht nicht darum, den inneren Kritiker, den Rebell oder das verlassene innere Kind loszuwerden, um endlich frei zu sein, sondern diese Teile anzuerkennen, zu erlauben und wirklich im Körper zuzulassen. Die Leute wollen immer gleich frei sein. Sie lesen Eckhart Tolle, und dann wollen sie gleich in die Stille hineinspringen – und so funktioniert das gar nicht. Vielleicht gelingt es für ein paar Momente, dann aber kippt es in Druck um. Zuvor, bevor wir überhaupt über Stille sprechen können, müssen wir diese inneren Anteile kennenlernen, mit ihnen in Kontakt gehen, sie erfahren, *sie absichtlich sein und absichtlich wieder nicht sein*. Dann lösen wir uns automatisch aus ihrem Griff.

Wie wir gesehen haben, führen unsere Wächter, der innere Kritiker und der Rebell, einen Krieg miteinander, der uns davon abhält, die Gefühle unseres verlassenen inneren Kindes wahrzunehmen. So sind genau diese nicht wahrgenommenen Gefühle des verlassenen inneren Kindes das Feuer, das die Wächter antreibt. Je stärker die Gefühle von Angst und Panik vor der Verlassenheit werden, desto mehr Energie fließt den Wächtern zu, und umso stärker sind sie bemüht, uns vorzumachen, sie seien ganz wir und es gäbe nichts anderes in uns. Es sind also die nicht wahrgenommenen, nicht anerkannten und nicht gefühlten Gefühle, die unsere Psyche beherrschen.

Allianzbildung

Anstatt einen Krieg miteinander zu führen, können unsere Wächter auch Allianzen eingehen. Das tun sie, wenn sich ihre Interessen treffen und ihr eigentliches Vorhaben, die schmerzhaften Gefühle außerhalb unserer Wahrnehmung zu halten, gemeinsam besser realisieren lässt. Zum Beispiel, wenn im Außen eine Autorität auftaucht: Dann kann es zunächst passieren, dass unser innerer Kritiker diese Person akzeptiert und sagt, so sicher und souverän wie diese Autorität müssten wir auch sein, dann wäre alles gut! Gleichzeitig kommt die Sehnsucht des verlassenen inneren Kindes durch, das hofft, durch diese Person gerettet zu werden. So bilden hier zunächst der innere Kritiker und das verlassene innere Kind eine Allianz: Es kommt zu einer Idealisierung dieser Person.

Idealisierung und Abwertung

Dabei dürfen wir aber nichts tun, was die Beziehung zu dieser Autorität gefährdet, mit anderen Worten, unser Rebell mit seiner Wut, seiner Empörung und seiner Abgrenzungsmöglichkeit, liegt außerhalb unseres Zugriffs. Wir können der idealisierten Person gegenüber keine Grenze ziehen, ihr Wort ist unser Gesetz, ihre Bestätigung unser Glück. Wenn die Person in unserer Nähe auftaucht, fangen wir an, zu zittern und uns bricht der Schweiß aus, denn wir dürfen kein falsches Wort sagen, *bloß nichts falsch machen!* Wir kontrollieren uns maximal, und dabei verhalten wir uns gehemmt und unbeholfen und haben das Gefühl, wieder ein kleines

Kind zu sein, das einem Lehrer oder Richter gegenübersteht. Wenn wir versuchen, extra souverän und gelassen zu sein, verhalten wir uns besonders unbeholfen. Hinterher, wenn die Person wieder weg ist, erwachen wir aus dieser Trance und schämen uns dafür, so erbärmlich aufgetreten zu sein. Wir merken auch, dass sich die idealisierte Person von uns abwendet oder zumindest nicht von uns begeistert ist. Nun ändert sich die Konstellation in unserer Psyche: Unser inneres Kind bekommt Angst, doch nicht gerettet zu werden. Wenn dieser Umschlagpunkt einsetzt, blitzt der Rebell auf. Die Energie, die vorher den Kanal über den inneren Kritiker ging, fließt jetzt dem Rebellen zu, und der fängt als Erstes an, über uns selbst sauer zu werden und uns mit Brandreden niederzumachen. Das machen wir zunächst noch privat, und wenn die Autorität wieder in Erscheinung tritt, mag die Energie wieder in Richtung Idealisierung fließen, sofern wir Bestätigung von der Autorität bekommen. Bekommen wir sie nicht, erhalten wir im Gegenteil noch weitere Indizien, dass sich die Autorität von uns abwendet, wird die Idealisierung dieser Person zu gefährlich, weil sie zunehmend die Verlassenheitsgefühle des inneren Kindes aktiviert. Nun gibt es eine gravierende Konstellationsveränderung: Der Rebell rückt mit seiner ganzen, so berechtigt erscheinenden Wut und Empörung an die Seite des inneren Kritikers, und der innere Kritiker nimmt sich diese scheinbare Autorität da vorne einmal vor: Was stimmt eigentlich alles bei dieser Person nicht? Er wird etwas finden, und was er findet, wird von dem Rebell gierig ergriffen, um sich dagegen zu empören. Beide, innerer Kritiker und Rebell, haben nun einen gemeinsamen Feind gefunden: Da draußen ist er, diese Person, vormals Autorität, jetzt nur noch Verräter und Lügner! Nun können wir uns an seiner vermeintlichen Fehlerhaftigkeit laben, anstatt unsere Gefühle der Wertlosigkeit, der Angst und der Einsamkeit zu fühlen. Wir sind von der Idealisierung in die Abwertung übergetreten. In den beiden Ausdrucksformen dieser Allianzen vermeiden wir es, unsere Verletzbarkeit und Unsicherheit wahrzunehmen.

Wenn man diesen Ablauf in sich wahrnimmt, aber nicht glaubt, dann pendelt sich das aus, und im günstigsten Falle sehen wir im anderen einen Menschen, der genauso wie wir sowohl Stärken als auch Fehler und Schwächen hat; dann können wir ihm als Ebenbürtige gegenübertreten.

Borderline: hermetische Allianzen

Eine Allianz ist immer auf den Teil fixiert, den sie abzuspalten versucht. Daher ist das Ergebnis immer, dass der abgespaltene Teil unsere gesamte Persönlichkeit beherrscht, ohne dass wir es in der Identifizierung mit unseren Teilen, die die Allianz bilden, bemerken. Als ob wir ein mit Luft gefülltes Glas in ein Wasserbecken drücken und loslassen, genauso poppt der abgespaltene Teil wieder hoch. Das läßt die Allianz noch stärker das Glas runterdrücken. Bei uns „normalen Neurotikern" geschieht dies vorübergehend, die Allianzen lösen sich wieder auf, um sich neu zu justieren. Es gibt eine gewisse Durchlässigkeit in der Allianzbildung und die Chance, dass die Persönlichkeit diese Dynamiken zu überschauen beginnt und ihnen entwächst. Bei der Borderline-Persönlichkeitsstörung hingegen gibt es eine solche Durchlässigkeit der Allianzen nicht, hier sind beide Allianzen hermetisch gegeneinander abgeriegelt, und eine Bewusstheit, dass beides in einem ist, entsteht nicht. Es gibt keine erwachsene Persönlichkeit jenseits der Allianzen, stattdessen gibt es zwei kindhafte Persönlichkeiten, die einander nicht sehen können. Deshalb ist es so schwierig, mit einer BorderlinerIn therapeutisch zu arbeiten oder mit ihr zusammen zu sein. In der Idealisierungsallianz ist es noch leicht, da tut und macht die BorderlinerIn, was man ihr sagt, sofern man sie positiv bestätigt, man wird in den Himmel gehoben. Fängt man allerdings an, diese Idealisierung zu konfrontieren und die BorderlinerIn einzuladen, sich ihrer Identifizierung bewusst zu werden, kann es passieren, dass man schlagartig einen anderen Menschen vor sich hat. Die Allianz ist umgeschaltet worden: Nun sieht einen die BorderlinerIn voller Hass an und glaubt nur noch das. Jede Einladung, die man ihr nun gibt, diesen Hass als einen Teil von sich anzuerkennen, *ihn zu haben, aber nicht zu sein*, wird nur als weiterer Angriff interpretiert und befeuert die Abwertungsdynamik.

Vor kurzem ist mir das in der Anfangsphase eines Wochenendseminars in einer bis dahin noch nicht dagewesenen Weise passiert: In der eröffnenden Runde meldete sich ein Mann mit einer hochintellektualisierenden Frage. Anstatt diese Frage zu beantworten, lud ich ihn ein, einmal zu spüren, wo die Energie, aus der heraus er diese Frage stellte, im Körper zu lokalisieren sei. Zunächst schwieg er und ich beantwortete die Frage eines anderen Kursteilnehmers. Mitten im Satz hörte ich plötzlich: „Du Wichser!" Voller Hass starrte er mich an. „Was du hier mit den Menschen machst …, du bist so eine Drecksau!" Ich hatte in dem Moment die Wachheit, in meinem Körper zu bleiben und exakt in die Empfindung zu spüren, anstatt den Plutoniumball, der sich in meinem Bauch aktiviert hatte, aufpoppen und als reagierende Abwehrenergie durch mich durchkommen zu lassen. Ich merkte Angst in mir, aber sie überwältigte mich nicht, ich war mit ihr, nicht in ihr. Daher blieb ich ruhig und konnte ihm die Chance anbieten, die Identifizierung wahrzunehmen, ich antwortete ihm: „… sagt ein Teil von dir …" Da stand er auf. „Nein, nein!", schon erwartete ich einen körperlichen Angriff, da verließ er abrupt den Kursraum.

Manche BorderlinerInnen können eine Idealisierungsphase immer dann hochladen, wenn sie im Seminar bei mir sind, und schaffen es so, ohne Entgleisungen durch einige Seminare zu kommen. Sie wirken eifrig: Voller Enthusiasmus erzählen sie, wie sehr die Radikale Erlaubnis ihr Leben bereichere und wie dankbar sie seien. Plötzlich erhalte ich aus dem Nichts eine Email: „Ich habe eine 1000 mal bessere Methode als deine gefunden, daher storniere ich selbstverständlich alle gebuchten Seminare." Eine Bereitschaft, die Stornierungsgebühren zu bezahlen, werde ich vergeblich suchen. Weise ich sie darauf hin, meint die BorderlinerIn, ich würde ihr ungerechtfertigterweise nachstellen.

Genauso schnell kann die BorderlinerIn allerdings auch wieder auf Weiß schalten, nämlich dann, wenn es der Allianz aus Rebell und innerem Kritiker nach einer Weile nicht mehr gelingt, die Verlassenheitsgefühle außerhalb der Wahrnehmung zu halten. Dann sucht sie in der anderen Allianz aus verlassenem inneren Kind und innerem Kritiker nach dem großen Retter, der entweder wieder der alte weiße Prinz ist oder durch einen neuen Hoffnungsträger ersetzt wird, auf den sie die Projektion setzen kann.

Die Heilung für eine BorderlinerIn läge darin, diesen Schutzmechanismus zu erkennen und zum Gegenstand ihrer Erforschung zu machen: präsent zu bleiben, wenn das Nadelöhr eng wird, und die Gefühle von Angst und Verlassenheit exakt im Körper zu spüren, anstatt nach oben in die Allianzen zu flüchten oder sie umzuschalten. Aber genau das ist das Problem der BorderlinerIn und das Kennzeichen einer schweren psychischen Störung: Sie kann dem Sog der Wächter nach oben nicht widerstehen und hat daher keine Chance, die Affekte auszuhalten geschweige denn exakt im Körper zu spüren. Hier ist eine Grenzlinie zu ziehen zwischen dem „normalen" Neurotiker, der das unter Anleitung kann, und einem wirklich Persönlichkeitsgestörten, dessen Krankheit darin besteht, dass keine Instanz da ist, die das kann.

Wie es sich anfühlt, eine BorderlinerIn zu sein, können wir selbst erfahren, wenn wir in die Enge des Nadelöhrs eintreten, in diese vermeintlich unaushaltbare Zone, wo wir keinen Boden mehr unter den Füßen haben und nur noch, koste es, was es wolle, vor unseren Einsamkeits-, Ohnmachts- und Verlassenheitsgefühlen flüchten wollen. Für uns sind das die dunklen Nächte der Seele, im besten Falle Transformationsphasen, aus denen wir als eine reichere, nun verwundbare Persönlichkeit hervorgehen; für die BorderlinerIn ist es ein Dauerzustand, aus dem sie nur temporär nach oben herauskommt, aber nicht in der Tiefe hindurchkommt.

Sucht: Versinken in der Rebellion

Bilden verlassenes inneres Kind und Rebell eine Allianz und dominieren unsere Persönlichkeit, sind massive Suchtprobleme die Folge. Hier liegt unser innerer Kritiker im Schatten und wird von unseren beiden anderen Teilen gemeinsam bekämpft. Aber der Teil, der im Schatten liegt, beherrscht und steuert die Psychologie der gesamten Persönlichkeit. So speist sich diese Allianz und unser Suchtverhalten aus dem Druck, den unser innerer Kritiker macht, ganz so, als sei er ein äußerer Druckmacher und kein Teil, der in uns drinnen ist. Wir erkennen nicht, dass der innere Kritiker zu uns gehört. Frönt man der Sucht, spottet man dem inneren Kritiker in dieser Weise Hohn, sitzt er nicht mit im Boot. Hat man der Sucht gefrönt, wird der Druck des inneren Kritikers umso stärker, weil er sich nicht gehört fühlt und die Angst hat, dass wir untergehen: Dann reiten uns die Gefühle des verlassenen inneren Kindes von Ausgestoßensein, Angst und Ohnmacht, ohne aber dass wir sie fühlen oder anerkennen, sondern nur blind darauf reagieren. Reaktiv wollen wir Reformen machen, aber der Druck des inneren Kritikers ist so groß, dass sofort wieder der Rebell auf den Plan gerufen wird. Mit ihm und seiner Empörung identifizieren wir uns dann nur zu gerne, weil es uns vom Druck befreit; der Druck befeuert die Berechtigung, den nächsten Exzess auszuführen, und so fort. Hier geht es darum, Bewusstheit über diesen Ablauf zu erlangen, ihn anzuerkennen und zu erforschen, dann öffnet sich der Raum, und wir können den inneren Kritiker kennenlernen und als einen Teil erfahren, der zu uns dazugehört. Dabei gilt: Je mehr Unterdrückung wir in unserer Kindheit erlebt haben, desto stärker ist der Sog, uns mit dem Rebellen zu identifizieren.

So ist die Sucht eine Identifizierung mit der Rebellion. Nimmt das Suchtverhalten Fahrt auf, kostet es immer mehr Anstrengung, die Stimme des inneren Kritikers unten zu halten, und die Beschämung wird immer größer. Das erzeugt noch mehr Druck im System, und gibt noch mehr Anlass zur Rebellion, daher verstärkt sich das Suchtverhalten beständig.

Die Identifizierung mit dem Rebellen führt zum Krieg mit dem inneren Kritiker. Der Rebell kämpft für die Freiheit, für die Lust, aber gegen den inneren Kritiker und den Druck, den dieser erzeugt. Wir können in dieser Identifizierung nicht sehen, dass dieser Druck nicht von außen kommt, sondern in uns drinnen ist, und wir daher diesen Krieg auch niemals gewinnen können. Wir wollen es in dieser Identifizierung nicht wahrhaben, dass die Stimme unseres inneren Kritikers berücksichtigt werden will, weil wir als Rebell glauben, wir verlieren dann jede Lebensfreude. Daher geht es darum, einen Schritt hinter diese

Identifizierung zu treten: den Rebellen wahrzunehmen, mit ihm und seiner auf Lebenslust abzielenden Energie in Kontakt zu bleiben, und *gleichzeitig* Kontakt mit dem inneren Kritiker aufzunehmen – gleichzeitig mit beiden in Kontakt zu gehen und über diesen Krieg hinauszugehen, ganz so wie eine Mutter, die zwei streitende Kinder, die sie beide liebt, links und rechts an die Hand nimmt. Die Botschaften beider Kinder, innerer Rebell und innerer Kritiker, sind wichtig, nur der Ton, in dem sie diese Botschaft vortragen – aus Angst, ausgesperrt zu werden – verführt uns dazu, uns in ihren Krieg hineinziehen zu lassen: Der innere Kritiker mit seinem *Du musst oder stirb!* aktiviert den Rebell, der mit seinem *Okay, lieber sterbe ich, dann aber richtig!* reagiert.

Depression: Die totale Abkündigung

Genauso wie einzelne Teile können auch Allianzen aus der Wahrnehmung verbannt werden. Bei der Depression gehen innerer Kritiker und Rebell eine Allianz ein. Wir haben bereits gesehen, was geschieht, wenn wir uns mit dieser Allianz identifizieren: Die gnadenlose Kritik des inneren Kritikers verbindet sich mit der Empörung des Rebellen, sodass wir eine Autoritätsperson oder unseren Partner vernichtend abwerten. Bei der Depression wird nicht eine äußere Person, sondern wir selbst zum

Zielobjekt der Abwertung. Wir sind hier nicht mit der Allianz identifiziert, sondern mit dem verlassenen inneren Kind, und die Allianz befindet sich außerhalb unserer Wahrnehmung. Von dort aus beherrscht sie uns völlig, während wir ihr ausgeliefert sind. Wir erfahren uns als ohnmächtig, kraftlos, chancenlos. Es gibt keine Sekunde mehr, wo nicht unser gnadenloser innerer Kritiker mit dem Hass des Rebellen auf uns einschlägt. Wir sind der letzte Dreck, Hoffnung, Ziele, Motivation gibt es nicht. Wir können kaum aus dem Bett kommen, wozu auch? Jede Lebensfreude ist uns genommen. Wir werden von Gedanken gejagt, die ausschließlich um das Thema unserer Wertlosigkeit kreisen. Wir wollen sterben, wir wollen, dass es ein Ende hat, wir denken über Selbstmord nach, sind aber zu kraftlos, ihn zu verüben. Auch die Tatsache, dass wir dauernd diese Gedanken in uns unterhalten, beweist uns, wie fehlerhaft, wie wertlos wir sind. Wir merken, dass andere Menschen uns genauso wenig ertragen können wie wir uns selbst. Sie üben Druck auf uns aus, positiv zu denken. Der Versuch, positiv zu denken, führt zu einer Verschlimmerung der Depression, weil wir merken, dass wir das nicht können. Diese positiven Gedanken sind so kraftlos, dass sie von dem Meer der Dunkelheit einfach weggespült werden. Auch das beweist uns, wie unfähig und hilflos wir sind. Jeder Versuch, die Stimmung zu verändern, erzeugt Druck und verschärft die Situation. Vielleicht werden wir sofort krank, wenn wir etwas unternehmen wollen oder unternommen haben. Auch das beweist uns, dass wir keine Chance haben, jemals aus dieser Verfassung herauszukommen. Psychopharmaka und verhaltenstherapeutische Maßnahmen mögen vorübergehend helfen, aber in der Tiefe erlösen sie uns nicht. Wir merken, dass die Resignation im Hintergrund lauert, und dass uns im Grunde auch nichts wirklich hilft. Der heilende Schritt ist, die Depressionsbewegung mit vollem Bewusstsein zum Äußersten zu führen und wirklich unten auf dem Boden aufzuschlagen: Das Ausmaß der inneren Kündigung anzuerkennen, exakt sinnesspezifisch im Körper wahrzunehmen, und dieses Gesamtgefühl, wie es sich im Körper anfühlt, so depressiv zu sein, exakt zu spüren und die Kapitulation zu durchwandern.

Kapitulation meint hier, aufzugeben, diesen Zustand noch verändern zu wollen, und ihn stattdessen wahrzunehmen. Ihn da sein zu lassen und körperlich zu erfühlen. Wie fühlt sich das an, morgens als Wrack in den Spiegel zu schauen? Ich meine nicht die Bewertung, *schlecht, oh Gott!*, sondern wie es sich im Körper anfühlt, sich absichtlich hängen zu lassen; wirklich zu spüren, wie man nichts machen kann, und endlich diesen Teil in sich wahrzunehmen, der nicht kann, nicht mehr will, der abkündigt und sterben will. Wie sehr er das will, und wie er nur noch das will. Wenn wir das tun, *ah, stimmt, ich spüre es, es ist wahr: Da ist etwas in mir, das hat völlig abgekündigt, das kann nicht mehr!*, haben wir die heilende Konstellation erreicht: Hier bin ich, jetzt, in meiner Präsenz, und in mir, das nehme ich wahr, ist dieser Teil, und wie sehr er mich eingenommen hat. Okay, können wir diesen Teil wissen lassen, du bist da, du gehörst zu mir. *Jetzt nur du, nimm mich ganz!*, und ihm dann unseren Körper zur Verfügung zu stellen. Dabei gilt es, präsent zu bleiben, in unserem Körper drinnen zu bleiben, und alles zu spüren und zu begleiten, was auf der sinnesspezifischen Ebene geschieht. Das ist Radikale Erlaubnis: Das, was ohnehin in uns da ist, zu totalisieren; es zu erlauben, in uns sein zu dürfen und es stärker zu machen, es zu erforschen anstatt es zu verändern. Kaum aber, dass die Depression wahrgenommen wird, die Identifizierung mit dem verlassenen inneren Kind in unserer Wahrnehmung angekommen ist, kommt die bis dahin unbewusste Allianz mit ihrer auf uns gerichteten Aggression ans Licht:

Thomas: Ich bin seit einem Jahr in einer Depressions-Selbsthilfegruppe, ich war auch schon mehrere Monate in der Klinik. Es ist auch etwas besser geworden, aber …
Ich: Jo …
Thomas: Immerhin habe ich es geschafft, doch noch

hierher zu kommen. Gestern hätte ich fast noch abgesagt, aber ich hatte ja schon bezahlt, dabei kann ich mir das eigentlich gar nicht leisten ...

Ich: Ne ..., kannst du eigentlich gar nicht ...

Thomas: Aber hoffentlich hilft mir das hier wenigstens jetzt ...

Ich: Unwahrscheinlich ...

Thomas: Was?

Ich: Ach komm! Laß doch den Scheiß!

Thomas: (lacht kurz auf, wird dann wieder ernst) Was meinst du?

Ich: Dieses Getue und Gemache, hierherzukommen, diese ganze Fahrt hierher, diese Anstrengung, hier zu sitzen und wieder etwas zu versuchen, dann wieder die ganzen Leute, das ist doch alles Scheiße, das hast du doch mittlerweile so durch ...

Thomas: Stimmt!

Ich: Du hast überhaupt keinen Bock mehr ...

Thomas: Das ist wahr ..., hab' ich nicht ..., echt nicht ...

Ich: Magst das mal anerkennen, wie sehr du keinen Bock mehr hast ...

Thomas: Äh ...

Ich: Du darfst das!

Thomas: (fängt an zu weinen) Ich kann nicht mehr, ich schaffe es einfach nicht mehr ...

Ich: Schau mal, wie es ist, wenn du sagst: Ich will nicht mehr!

Thomas: Ich will nicht mehr ..., ich will nicht mehr ... Ich will echt nicht mehr! Mich ..., mich kotzt es so an, ich kotze mich selbst an. Ich geh mir so auf den Geist mit meiner ganzen ewigen Scheiße ..., ne, echt nicht, echt, was für eine Scheiße, alles nur noch Scheiße, ich bin ein einziger, riesiger SCHEISSHAUFEN! (lacht)

Ich: (lache, Lachen in der Gruppe) Ja, das bist du und sonst nichts!

Thomas: (lacht eine Weile) ... das tut jetzt echt gut!

Ich: Ja, das tut es! ... reicht es erst mal?

Thomas: Absolut! (lacht)

Kapitel 7:
Fetisch-Sex und die Erotisierung der Verlassenheitswunde

Unsere Wächter erhalten ihre Ladung durch die Gefühle, die wir in uns verleugnen, mit denen wir nicht in Kontakt gehen und die wir nicht fühlen wollen. Gleichzeitig verdecken sie amnestisch diesen Vorgang, da sie uns dominieren. Sie besetzen die Position unseres Selbst und tun so, als wären wir nur sie, und als gäbe es nichts anderes als sie. Aber die gesamte Ladung, die Kraft, die sie haben, kommt von unten, vom verlassenen inneren Kind. Das, was das verlassene Kind fühlt, darf nie wieder gefühlt werden – dieses Programm wirkt in unserem Nervensystem und arbeitet wie eine energetische Umleitung. Dieser Umleitung der Energie nach oben sind wir, ohne es zu erkennen, jahrzehntelang gefolgt. Es ist ein so selbstverständlicher, so automatisierter und kollektiv betriebener Vorgang, dass es ausgesprochen schwer ist, ihm zu widerstehen.

Wir kennen nichts anderes als so zu reagieren, und wir werden überall dazu ermutigt, unsere schwierigen Gefühle so schnell wie möglich loszuwerden. Abspaltung zu betreiben ist die Normalität, und sie nicht zu betreiben, erscheint als Irrsinn, als etwas, was gar nicht geht. Unsere Eltern hießen Pawlow, und bimmelten jahrelang mit der Klingel, bevor das Essen auf den Tisch kam, und diese Konditionierung hat sich in unserem Nervensystem verankert. Aus diesem automatischen, reflexartigen Schutzverhalten auszusteigen und sich zu entkonditionieren, erfordert eine hohe Wachsamkeit und eine Bewusstheit über den Vorgang der Abspaltung. Es ist ein so wichtiger Schritt, den Abspaltungsprozess genau zu kennen und auf dem Zettel zu haben. Dieses Wissen kann uns dabei helfen, ins Unwissen vorzudringen, dazu ist es notwendig, uns dieser automatisierten Umleitung, die in unserem Nervensystem geschieht, bewusst zu werden und sie wahrzunehmen, anstatt ihr zu folgen. Das ist aber eine Fahrt durch ein Gebiet von Sirenen: Wie Odysseus müssen wir uns an den Mast binden lassen, um nicht den Sirenen-Gesängen zu folgen und ins Meer zu springen, wo sie uns töten. Denn ihr Gesang ist so verführerisch, dass wir alles vergessen und nur zu ihnen hinwollen. Genauso stark ist der Sog der Wächter, wenn wir in die Nähe des verlassenen inneren Kindes kommen, dann gibt es einen deutlichen Energieanstieg, eine Unruhe in unserem System, und es erscheint uns, als ginge es nun um Leben oder Tod. Unser Nervensystem ist maximal aktiviert, und der Umleitungsmechanismus wird maximal geladen. Wie Ertrinkende greifen wir nach allem, was uns retten könnte.

Hemmungslose Lust

So können wir sagen: Je näher wir unserer großen Wunde kommen, je näher wir dem Schmerz kommen, den wir in uns tragen, desto stärker wird der Sog, nach oben in unsere Wächter auszuweichen und uns vor dem Energieanstieg und vor dem Kontakt mit unserem Schmerz zu schützen. Auch den Sex können wir hierzu benutzen. Wenn wir in die Nähe unserer Wunde kommen und die Energie ansteigt, können wir diese Energie sexuell entladen. Dabei machen wir eine ungeheuer intensive Erfahrung, vielleicht intensiver als alle anderen, die wir zuvor gemacht haben. Wir mögen das erfahren haben, wenn wir mit einem Partner genau dann den intensivsten Sex hatten, als Trennung und Abschied im Raum standen.

Daraus kann ein Fetisch werden: Wir inszenieren ein Setting, das uns in die Nähe unseres Traumas treibt, sodass die Energie in unserem System und damit die Intensität maximal ansteigen, und dann entladen wir diese Energie sexuell, in einer Lust, die am Rande dieses maximalen Schmerzes *hemmungslos* wird. Keine andere Praktik, die nicht in diese unmittelbare Nähe unseres maximalen Schmerzes geht, kann diese Intensität erzeugen, und so kann es geschehen, dass wir danach süchtig werden. Wir wollen immer mehr von dieser Intensität, wir wollen diese kurzfristige Katharsis, die in uns geschieht, wenn wir am Abgrund unseres tiefsten Schmerzes den Orgasmus erfahren. Wir überladen absichtlich unser Nervensystem, um kurzzeitige Erlösung in der Entladung zu erfahren. Aber noch während die Entladung abebbt, überlädt sich unser Nervensystem erneut, weil wir uns immer noch in der Nähe unseres tiefsten Schmerzes befinden. Dadurch sind wir jetzt so aufgeweicht, dass wir uns nach Nähe, Geborgenheit und Trost sehnen, ganz das Gegenteil von dem, was wir zuvor inszeniert hatten. Wenn jemand da ist, der uns hält, kann es sein, dass jetzt unser tiefster Schmerz im Körper durchkommt. Eben noch ließen wir uns brutal erniedrigen, geilten uns an unserem Schmerz auf, erfuhren einen Orgasmus, der uns vernichtend durchgeschüttelt hat, und jetzt wollen wir nichts anderes, als in den Arm genommen und geliebt zu werden. Genauso hemmungslos, wie wir eben die Lust spürten, spüren wir nun unseren Schmerz, können weinen und schluchzen, und wenn wir gehalten werden und Wärme bekommen, erfüllt uns tiefste Dankbarkeit. Das wäre der günstigste Verlauf eines solchen SM-Settings, weil er zu einem integrierenden Kontakt mit dem Schmerz führt.

Mit der tiefsten Wunde spielen

Wenn diese Auflösung, dieses Weichwerden, diese Kontaktaufnahme mit der Wahrheit unseres Schmerzes nicht geschieht, werden als Reaktion die Wächter maximal geladen. Das heißt, unser innerer Kritiker schlägt zu und Beschämung ist die Folge. Beschämung ist auch wieder ein

Gefühl aus der Sperrzone, ein Gefühl unseres verlassenen inneren Kindes. Aber in dieser reaktiven Wächter-Identifikation können wir dieses Gefühl nicht spüren und aushalten, sodass wir es unterdrücken: Anstatt es zu fühlen, werden wir depressiv. Gehen Rebell und innerer Kritiker reaktiv eine Allianz ein, beschuldigen wir denjenigen, mit dem wir diese Session hatten, machen ihn verantwortlich und lehnen ihn ab. Auch das schützt uns davor, unsere Beschämung wahrzunehmen und zu spüren. Dadurch wächst der Druck, und damit auch das Verlangen nach einer Wiederholung der Katharsis-Erfahrung, es entsteht ein sex-süchtiges Verhalten, indem wir beständig unsere Verlassenheitswunde erotisieren – um kurzzeitig Erlösung von dem Dauerzustand der Beschämung zu erfahren. (Eindrucksvoll stellt Michael Fassbender diese Spirale von Beschämung und Betäubung durch Sex in den Film „Shame" dar).

Bei den Settings, die wir hierzu inszenieren, brauchen wir nur den Sex rauszustreichen, dann kommt die Wahrheit ans Licht. Dann können wir erkennen, dass wir nichts anderes tun, als unser tiefstes Trauma zu reinszenieren. Wenn es uns erregt, uns entwürdigen und erniedrigen zu lassen, und wir streichen den Sex heraus, dann sehen wir, dass wir unsere Wertlosigkeit, unsere Bedeutungslosigkeit und unsere Austauschbarkeit inszenieren. Wenn wir dann in unsere Kindheit schauen, werden wir als Mann merken, wie wir die Abwertung des Männlichen von unser Mutter, vielleicht von beiden Eltern (als Frau die Abwertung des Weiblichen), erfahren haben – und genau diese tiefe Ablehnungserfahrung jetzt sexuell wiedererleben. Das ist ein gefährliches Spiel, wenn es unbewusst betrieben wird, das heißt, wenn die Beteiligten nicht wissen, dass sie mit der tiefsten Wunde eines Menschen spielen.

Erlauben statt Transformieren-Wollen

Der amerikanische Psychotherapeut Robert Augustus Masters drängt in seinen Ausführungen darauf hin, diese Erotisierungen der Verlassenheitswunde zu unterlassen, und fordert insbesondere Männer auf, der Pornografie zu entwachsen. Ich glaube, er übt dabei Druck aus, einen Transformationsdruck, ohne das zu erkennen. Ich habe gelesen, wenn man zu ihm in ein Seminar kommen möchte, muss man zuvor drei Monate absolut suchtfrei sein und darf auch drei Monate keine Pornos angesehen haben. Das erzeugt bei mir ein Gefühl des Unbehagens, des Müssens und Sollens, und ich weiß, dass man so keine Aussöhnung mit den Teilen in sich erlangt, sondern nur den inneren Kritiker hochbringt.

Wenn wir gegen etwas arbeiten, das in uns lebendig ist, in welcher Form auch immer, dann entsteht ein Veränderungsdruck, das heißt, etwas in uns soll weg, soll sich verändern, muss sich verändern, damit wir heil werden. Das halte ich für konfliktverstärkend, und rede dagegen einer Radikalen Erlaubnis das Wort. Dieser Teil, der Pornos anschauen und sich daran befriedigen will, dieser Teil, der uns antreibt, unsere Verlassenheitswunde traumaspezifisch zu erotisieren, kann anerkannt werden. Er ist ja in uns da. Aha, wir haben also solch einen Teil in uns, einen vermeintlichen Dämon, der über uns kommen kann und alle anderen Teile, alle Vorsätze und alles Vorgenommene, wegfegt. Diesem Teil können wir ein Hallo hinschicken, hallo, du bist da, du bist in mir! Erst dann haben wir die Grundkonstellation der Radikalen Erlaubnis wieder erreicht: Hier bin ich und dort ist ein Etwas. Und dann können wir diesen Teil wissen lassen, dass er für immer so da sein darf. Er braucht sich nicht zu verändern! Diese Erlaubnis entspannt diesen Teil, und in der radikalen Form des *Ja, du darfst das!* ist sie die Basis dafür, dass sich dieser Teil wirklich zeigt und uns seine Geschichte erzählt. Dabei wird uns klar werden, dass dieser Teil nur Gutes für uns will, in Wahrheit tut er etwas für uns, etwas sehr Wichtiges. Und erst dann, wenn wir dies erkennen und erfühlen, geschieht die Aussöhnung, dann söhnen wir uns wirklich in der Tiefe mit diesem spezifischen Verhalten aus, *an diesem tiefsten Grund in uns, wo nichts mehr verändert werden muss.* Wir müssen es nicht verändern, wir dürfen es tun. Und wenn wir es jetzt tun, dann tut es nicht nur ein Teil, sondern wir, und wir gehen durch diese Erfahrung in unser ganzen Präsenz. Wir können diese Erfahrung voll zulassen und genießen. Dieses Verhalten gehört zu uns. Wir können es auch bekennen und dieses Bekenntnis stehen. Das zu tun, ist so befreiend: Die niedrigsten Abgründe, das, was da wirklich im Verborgenen in uns vor sich geht, anzuerkennen und voll zu bekennen. Und die aufkommende Scham zu fühlen und auch durch sie hindurchzugehen, auch sie zu *stehen*.

Vielleicht betreiben wir dieses Verhalten weiterhin, vielleicht reduziert es sich, vielleicht verschwindet es, aber es muss nicht verschwinden. Wenn es überflüssig geworden ist, wenn wir es einfach vergessen, dann sind wir wirklich durch damit.

Kapitel 8:
Eintritt ins Nadelöhr

Unser Leben der Kompensation ist typischerweise davon geprägt, dass wir immer, wenn wir in die Enge des Nadelöhrs hineinkommen und die Intensität ansteigt, nach oben ausweichen. Wir haben gesehen, dass unsere Wächter diese Aufgabe samurai-artig erfüllen, uns davon abzuhalten, wieder das zu fühlen, was wir im Trauma fühlten. Sie führen Kriege miteinander oder gehen Allianzen ein, um uns zu schützen, sodass das, was einst so lebensbedrohlich für uns war, nie wieder passiert. Nie wieder sollen wir so ohnmächtig sein wie damals. Nie wieder sollen wir das Kind sein, das verlassen wurde und sich vor die unlösbare Aufgabe gestellt sah, damit alleine klarzukommen und so zu tun, als sei alles okay. Dieser Verrat an unserem Innenleben darf nie wieder passieren! Unsere Wächter wollen die erneute Erfahrung der *Ohnmacht*, einer emotionalen Energie hilflos ausgeliefert zu sein, um jeden Preis verhindern. Ihr Lösungsweg, der in der Regel vor uns amnestisch verborgen wird, besteht paradoxerweise darin, diesen Verrat gleich selbst auszuüben, noch bevor ihn ein anderer an uns begehen kann.

Der nach innen geholte Verrat

Dieser Verrat besteht darin, dieses Kind in uns mit seinen überwältigenden Emotionen alleinzulassen und zu verleugnen, ganz so, wie es unsere damaligen Bezugspersonen getan haben. Wir haben den Verrat, der uns damals im Trauma widerfuhr, nach innen geholt, und begehen ihn, in der Identifizierung mit unseren Wächtern, präventiv immer wieder, damit kein anderer es tun kann. Ein Leben im Bann des Traumas zu führen, bedeutet, dieses verlassene und verratene Kind in sich abzuspalten, aber dabei ausschließlich um es herumzukreisen – ohne es zu merken! Im Bannkreis des Traumas stoßen wir Menschen zurück, zu denen wir uns hingezogen fühlen. Weil wir etwas für sie empfinden, könnten sie uns verletzen, und das verzeihen wir ihnen nicht. Lieber verletzen wir sie, damit sie aus unserem Leben verschwinden, noch bevor sie uns schaden können. Stattdessen lassen wir uns mit Menschen ein, die wir vollkommen kontrollieren können, dann sind wir zwar sicher, aber die große Ödnis zieht auf. Im Bann des Traumas handeln wir immer gegen das Leben. Wir können uns dem Lebendigen in uns nicht hingeben. Sobald wir es versuchen, kommt die Panik vor dem Kontrollverlust durch, und es bricht ein innerer Krieg aus, wo unsere Wächter verzweifelt die Kontrolle behalten wollen. Im Bannkreis des Traumas können wir nicht lieben, wir können uns der Liebe nicht hingeben. Wir können unser Bedürfnis nach Nähe nicht anerkennen, weil damit die Gefahr einhergeht, dass das Bedürfnis nicht erfüllt wird und wir wieder zurückgewiesen werden könnten. Um uns zu „schützen", verleugnen wir unsere Bedürfnisse, noch bevor wir sie wahrnehmen, geschweige denn sie kommunizieren und für sie einstehen könnten. Im Bann des Traumas handeln wir gegen unsere Bedürfnisse und verhindern beständig unser Lebensglück.

Abbildung 5: Im Bannkreis des Traumas

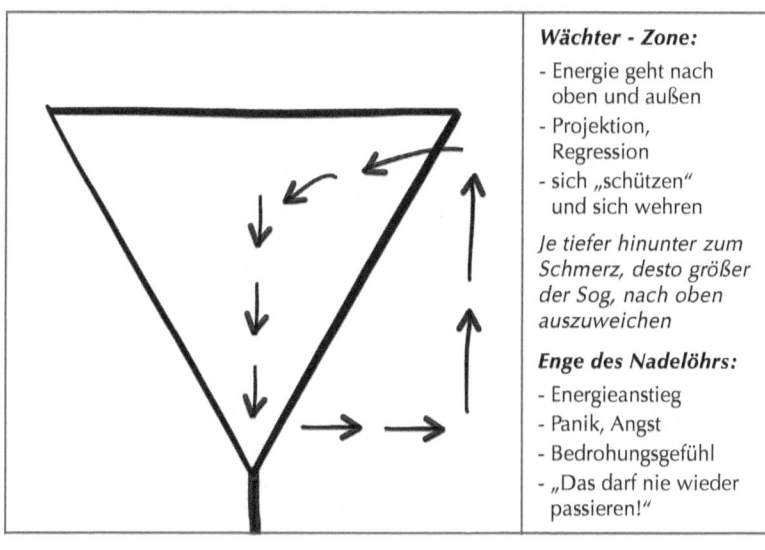

Wächter - Zone:
- Energie geht nach oben und außen
- Projektion, Regression
- sich „schützen" und sich wehren

Je tiefer hinunter zum Schmerz, desto größer der Sog, nach oben auszuweichen

Enge des Nadelöhrs:
- Energieanstieg
- Panik, Angst
- Bedrohungsgefühl
- „Das darf nie wieder passieren!"

Mein Anliegen in diesem ersten Teil des Buches ist es, die Wächter und ihr Wirken genau zu untersuchen und diesen Mechanismus des Sich-Schützens und Ausweichens bewusst zu machen. So können wir unsere Wächter erkennen, sie wahrnehmen und dem Sog widerstehen, ihnen zu folgen. Die Bewusstheit über diese Abläufe ist entscheidend, um in die Enge des Nadelöhrs eintreten und sie aushalten zu können – diese Enge geradezu zu erwarten und willkommen zu heißen, anstatt ihr auszuweichen. In der Enge des Nadelöhrs wird der Zug der Wächter nach oben maximal. Aber wenn wir dies erkennen, wenn wir wissen, dass dies okay ist, dass es zu dem Prozess dazugehört, uns in der Tiefe kennenzulernen, dann eröffnet es uns den Raum dafür, eine neue Erfahrung zu machen und aus dem Bann des Traumas auszusteigen. Dann bleiben wir präsent, während die Energie in uns maximal ansteigt und unsere Wächter glauben, jetzt passiere das Schlimmste. Und während unsere Wächter kämpfen und ziehen, panisch flüchten wollen, können wir in unserem Körper präsent bleiben und erfahren, dass wir nicht untergehen und nicht sterben. Das ist die neue Erfahrung. Wir gewinnen den Raum zurück, den wir vor unserem Trauma hatten, und den wir seitdem in unserer Schutzidentität nicht mehr betreten konnten. In der Enge des Nadelöhrs, in dieser für unsere Wächter unaushaltbaren Zone, schälen wir uns von unseren Wächtern ab und destillieren unsere Essenz heraus.

Die unaushaltbare Zone

Durch das Nadelöhr hindurchzugehen, heißt, sich dem zu stellen, was in dieser vermeintlich unaushaltbaren Zone auftaucht und nicht die Präsenz zu fliehen. Wir bezeugen sozusagen unsere Kapitulation, oder besser, die Kapitulation unserer Wächter, die uns als unser Ich erschien. Durch die Enge des Nadelöhrs zu gehen, heißt, den Schritt von der Kontrolle zur Hingabe zu tun. Hingabe meint, seine Wächter hinzugeben, den Schmerz zu fühlen, den sie verdecken wollen, und an diesem Schmerz den identitätslosen Raum zu destillieren und sich ihm zu überlassen. Unser tiefster Schmerz ist es, der uns durch die maximale Enge des Nadelöhrs hindurch in die Freiheit führt. Hierbei geht es nicht darum, im Schmerz zu versinken und zu leiden und in Stories nach

Abbildung 6: Durch das Nadelöhr gehen

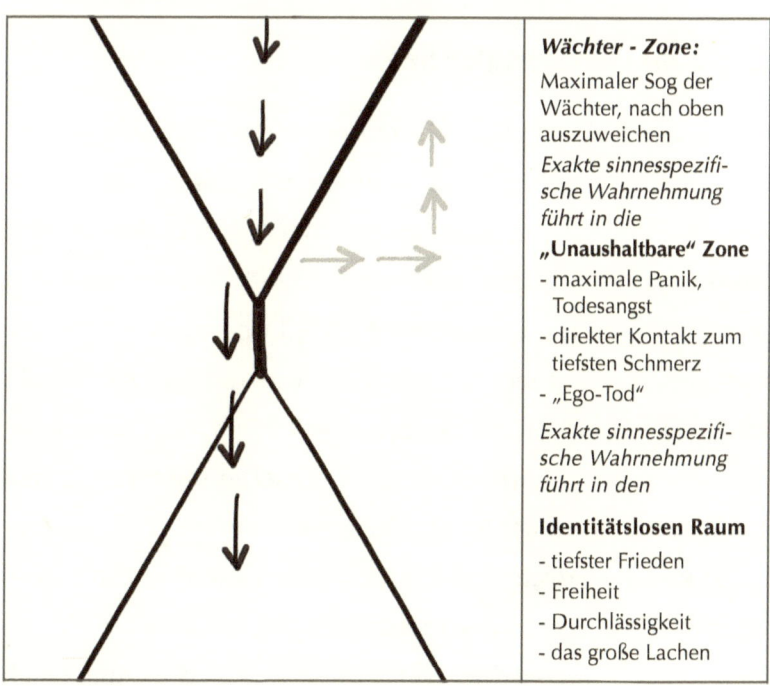

Wächter - Zone:
Maximaler Sog der Wächter, nach oben auszuweichen
Exakte sinnesspezifische Wahrnehmung führt in die
„Unaushaltbare" Zone
- maximale Panik, Todesangst
- direkter Kontakt zum tiefsten Schmerz
- „Ego-Tod"

Exakte sinnesspezifische Wahrnehmung führt in den

Identitätslosen Raum
- tiefster Frieden
- Freiheit
- Durchlässigkeit
- das große Lachen

oben zu flüchten, sondern den Schmerz exakt zu spüren, das meine ich mit *am Schmerz bleiben*. Das ist die schwierige, aber entscheidende Arbeit: ganz nah am Schmerz dranzubleiben, ihn kennenlernen zu wollen, ihn anzufassen; diesen Kontakt zu suchen und zu fühlen, anstatt sich entweder von ihm verschlucken zu lassen oder nach oben in Gedanken auszuweichen und den Kontakt nur noch zu simulieren.

Kennzeichen des Nadelöhrs ist, dass es eng wird, dass es unangenehm wird, und dass es eine Phase gibt, die unaushaltbar erscheint, aber nicht ist.

Die dunkle Nacht der Seele

Es gibt Lebensphasen, die uns in die Enge des Nadelöhrs zwingen. Manchmal können wir dann nicht mehr ausweichen, und es kommt zu einer Lebenskrise, zu der dunklen Nacht der Seele. Diese dunkle Nacht der Seele mit ihrer unfassbaren Qual entsteht, weil unsere Wächter sich vergeblich bemühen, die verdrängten Gefühle, die jetzt in unsere Wahrnehmung einfluten, abzuwehren. Daher erleben wir in der Identifizierung mit unseren Wächtern große Qual und Ohnmachtsgefühle, unser verlassenes inneres Kind kommt durch und übernimmt unsere Persönlichkeit, aber wir kämpfen in der Identifizierung mit unseren Wächtern dagegen an – jedoch vergeblich, das ist die Qual. Doch sind nun gerade diese Zeiten, in denen wir nur wollen, dass sie wieder aufhören, dass wir wieder Boden unter die Füße bekommen und wieder die von früher sein können, die großen Chancen, durch das Nadelöhr hindurchzugehen und frei zu werden, anstatt das alte Kompensations-Setting wieder aufzubauen und das verlassene innere Kind erneut außerhalb unserer Wahrnehmung zu halten.

Leider wissen wir in der Regel nicht, dass diese Krisen eine so große Chance sind, frei zu werden. Tatsächlich liegt in diesen Phasen, in denen unsere Identifizierung mit unseren Wächter bröckelt, die große Chance, unsere Wunde kennenlernen zu können. Haben wir starke Wächter aufgebaut, muss erst einmal einiges in unserem Leben schieflaufen und zusammenfallen, bis es so weit kommt, dass unsere Wächter nicht mehr halten und instabil werden. Zu diesem Punkt muss man erst mal hinkommen.

In der aufkommenden Panik können wir das weder erkennen noch würdigen. In der Regel wissen wir auch einfach nicht, dass wir hindurchgehen können. Ganz so wie es eine Freundin erging, der ich den folgendes Mittelteil dieses Buches zu lesen gab, sie sagte: „Ich war vor zehn Jahren an diesem Punkt. Hätte ich das bloß damals lesen können, dann hätte ich gewusst, dass ich da durchgehen kann!"

In diesem folgenden zweiten Teil möchte ich in die Enge des Nadelöhrs hineingehen und diese vermeintlich unaushaltbare Zone betreten. Ich möchte bekennen, wie ich selbst gelitten und gerungen habe, und wie schwer es mir fiel, meinen Untergang zu bezeugen, bis es irgendwann zu dem Punkt kam, wo ich in meinem Körper bleiben konnte, während er geschah. Das war ein langer, schwieriger Weg, den ich, als er begann, noch gar nicht übersah, und das machte es noch schlimmer: Dass ich nicht wusste, was mit mir geschah. So möchte ich anhand meines biografischen Materials darstellen, wie sich solche Krisen vorbereiten und womit zu rechnen ist, wenn sie dann wirklich über uns kommen. Und wie wir sie durchschreiten und als neuer, nun mit unserer Verwundbarkeit verbundener Mensch daraus hervorgehen können.

So können wir unserem Lebensweg selbst die Matrix des Nadelöhrs unterlegen, und erkennen, dass unser Leben auf die Konfrontation mit unserem tiefsten Schmerz abzielt. Mit anderen Worten: Das Leben will, dass wir durch das Nadelöhr gehen.

Mit der Schilderung meiner eigenen Erfahrungen möchte ich denen unter uns, die eine solche dunkle Nacht der Seele schon erlebt haben, aber nicht wissen, was mit ihnen passierte, ein nachträgliches Verständnis und Mitgefühl mit sich ermöglichen.

Aber Euch da da draußen, die Ihr gerade eine solche dunkle Nacht der Seele erlebt und bitter leidet, Euch möchte ich Linderung verschaffen. Ich möchte Euch darin unterstützen, das zu erlauben, was gerade in Euch geschieht. Und Euch wissen lassen, Ihr seid nicht allein.

Teil 2

Im Nadelöhr:
Wiedererfahrung des Traumas

*Wenn man das, was eigentlich nicht überlebt werden
konnte, doch irgendwie überlebt hat, dann hat man dieses Gestaute, Empörte, Verratene in sich, und das muss
ans Licht, es darf nicht ungesagt erlitten worden sein.*

Kapitel 9:
Die dunkle Nacht der Seele

Die dunkle Nacht der Seele bereitet sich langsam, aber sicher vor. Eine Kränkung nach der anderen ereilt uns, und wir versuchen sie alle zu kompensieren. Bis das Fass überläuft, wir nicht mehr weiter können und dekompensieren. Dann überflutet uns das verlassene innere Kind, und unsere Persönlichkeit dreht sich einmal um. In dieser Enge des Nadelöhrs werden wir zum Borderliner und erfahren mit jeder Faser unseres Seins, wie schwer es ist, wie sehr es uns das Äußerste abverlangt, nicht zu diffundieren, sondern präsent in unserem Körper zu bleiben und exakt in die körperliche Empfindung hineinzuspüren.

In meiner ersten dunklen Nacht der Seele, die von 1999 bis 2000 ein Jahr andauerte, ich war 35, gelang mir das nicht. Ich wusste gar nicht, was mit mir passierte, und ich hatte noch lange nicht die Ausrichtung, das Denken zu lassen und stattdessen exakt in die Empfindungen meines Körpers hineinzuspüren. Ich hatte vier Jahre lang Seminare in Holotroper Atemarbeit besucht, aber diese transpersonale Therapie hatte mich nicht geheilt, sondern die Krise letztlich vorbereitet. Auf diesen Seminaren hatte ich meine schwere Geburt wiedererlebt und war in den transpersonalen Bereich der Reinkarnationen katapultiert worden: Ich erlebte mich als

Soldat, der schwer verwundet auf dem Schlachtfeld vergessen wurde und einsam vor sich hinstarb; als ägyptischer Hohepriester wohnte ich meiner eigenen Beerdigung in einer Pyramide bei; als Großinquisitor war ich unterwegs, um Frauen die Brüste abzuschneiden; als Herodes selbst forderte ich die Köpfe unschuldiger Kinder; als Zerberus, der Höllenhund, stieg ich ich aus der Hölle empor und schleuderte die sieben Leute, die zur Prozessverstärkung auf mir gelegen hatten, wie ein Nichts durch den Raum; bis ich mich schließlich in einem zweiwöchigen, hermetisch von der Außenwelt abgeschotteten Seminar mit täglichen, stundenlangen Holotropen Atem-Sessions als der Leibhaftige selbst erfuhr. Das alles waren spektakuläre Prozesse, aber im Prinzip blieb ich immer noch derselbe souverän-tuende, letztlich unnahbare und von seiner Unverwundbarkeit überzeugte Typ, der ich vor dieser Therapie gewesen war. Ich vermute, dass diese therapeutischen Extremerfahrungen der Dekompensation, die mir bevorstand, den Weg geebnet hatten.

Als der Zusammenbruch meiner Wächter über mich kam, fühlte es sich wie meine Vernichtung an. Damals hatte ich einen Roman über die holotropen Erfahrungen geschrieben und an einen Verlag geschickt, der ihn, wie üblich, ablehnte. Durch ein Versehen oder vielleicht sogar aus Absicht war der Absage das verlagsinterne Gutachten einer Lektorin beigefügt, das normalerweise ein Autor niemals sehen darf. Dort war die Lektorin, die sich vermutlich an meinen Schilderungen als Inquisitor stieß, in einer fünfseitigen Abwertungsorgie zu dem Ergebnis gekommen, ich sei ein literarisch unfähiger Psychopath. Ich meinte, das wegstecken zu können, aber irgendetwas passierte in meinem Körper, eine Art Ruckeln und Rumpeln ging durch meinen Oberbauch. Eine Woche danach begann meine bis dahin scheinbar von mir abhängige Beziehungspartnerin, mit der ich zusammenlebte, abrupt ihre Energie von mir abzuziehen. Sie wurde plötzlich unnahbar, ohne dass ich wusste, wieso. Dann passierte es. Ich hatte eine Besorgung zu machen, und beim Ausparken war mir so, als streife ich leicht ein anderes Fahrzeug. Ich dachte, ich hätte mir das nur eingebildet, und fuhr nach Hause. Auf der Heimfahrt überfiel mich die Fantasie, dass die Polizei bereits Zeugen befragt hatte und schon zuhause auf mich wartete, um mich wegen Fahrerflucht zu verhaften. Mich befiel die nackte Panik. In der Wohnung angekommen, war zwar keine Polizei da, aber die Panik verstärkte sich. Ich bemerkte in meinem Oberbauch ein unangenehmes Vibrieren, das vom Solarplexus hoch zum Herz und wieder runter wanderte. Es fühlte sich an, als hätte ich keine Kontrolle mehr über meinen Körper, als sei dort in meinem Solarplexus ein fremdes Wesen, ein Alien, das da rotierte und auf- und abstieg, wie es wollte. Gleichzeitig fühlte ich mich völlig instabil. „Was ist bloß los mit mir?", fragte ich meine Freundin, „ist das jetzt eine Psychose oder was?" Meine Freundin sah mich skeptisch an. Sie erschien mir plötzlich so stark, so überlegen, aber was war mit mir? Ich war nur noch ein Häufchen Elend, ein Fähnchen im Wind, wo war der starke, souveräne Mann geblieben, der ich glaubte, noch vor ein paar Wochen gewesen zu sein? In dieser Energie war es meiner Freundin ein Leichtes, ihr Vorhaben, sich von mir zu trennen, zu verwirklichen. Ich hing ja nur noch an ihr dran. Da eröffnete sie mir, dass sie mit einem anderen Mann etwas angefangen hatte, und meine Vernichtung und Demütigung nahm ihren Lauf. Ich flehte sie an, zu mir zurückzukommen, ich gestand ihr meine bedingungslose Liebe, ich weinte vor ihr, um ihr endlich, das hatte sie doch immer gewollt, meine tiefsten Gefühle zu zeigen. Nur ließ sie es völlig kalt. Anstatt sie zurückzugewinnen, wurde ich immer reizloser für sie. Bald trug sie mir an, auszuziehen. In meiner haltlosen Verfassung mietete ich eine schreckliche Wohnung an, zog mitten im Winter um, die Heizung ging nicht, und als ich realisierte, in welch trostloser Öde ich gelandet war, war es zu spät, noch was zu unternehmen. Die Sensationen in meinem Oberbauch und Herzbereich nahmen zu und ich bekam Angst, dass dort jederzeit eine Explosion stattfinden könnte. Nachts schlief ich kaum noch, tagsüber vegetierte ich im Bett. Da ich nichts essen konnte, wurde ich immer dünner und schwächer, sodass ich kaum noch einkaufen gehen konnte. Überdies konnten mich draußen, wenn ich über die Straße ging oder in einem Geschäft war, Panikattacken heimsuchen, die mich in akute Todesangst versetzten. Die zwei Freunde, die ich hatte, kündigten mir an einem Nachmittag telefonisch die Freundschaft. Sie brauchten eine Auszeit, sagten sie, es sei ihnen gerade zu viel mit mir. Zu dieser Zeit konnte ich schon keinen Überweisungsträger mehr ausfüllen, weil ich die Konzentration dafür nicht lange genug halten konnte. Ich dachte nur noch, meine Gedanken rasten, und es war unmöglich, durch sie hindurch zur Gegenwart oder zu irgendeiner Form von Ruhe vorzudringen. Auch Fernsehen konnte ich nicht mehr, weil die innere Unruhe zu groß wurde. Ich nahm alle Anstrengung zusammen, um zu einer Psychotherapeutin zu gehen, das Einparken vor ihrer Praxis kostete mich eine halbe Stunde. Sie fragte mich, ob ich an Selbstmord dachte, und als ich bejahte und sagte, mein Problem sei eher, nicht sterben zu können, nahm sie den Telefonhörer in die Hand und schlug mir vor, mich direkt in die psychiatrische Notaufnahme einzuweisen. Das wollte ich aber nicht, ich sah darin keine Perspektive. Mit dem letzten Fünkchen Kraft, das ich noch hatte, leistete ich Widerstand. Ich kassierte zum Abschied ein skeptisches Kopfschütteln, danach brauchte ich mehrere Tage im Bett, um dieses Erlebnis verkraften zu können. Ich entschloss mich, noch einmal ein Seminar Holotropes Atmen zu besuchen. Dort hyperventilierte ich mehre Stunden in einem so schnellen Rhythmus, wie ich ihn noch nie erlebt hatte. Mein Zwerchfell flatterte und ratterte, nur mein Zustand veränderte sich nicht. Es war egal, ob ich hyperventilierte oder nicht, das vernichtende, bohrende Leiden hörte nicht mehr auf. Ich fand niemand, der mich in meinem Zustand ertragen konnte. Manchmal rief ich meine Ex-Freundin an und hörte, wie gut es ihr ohne mich ging. Das hatte Wochen zur Folge, wo ich wieder gar nichts mehr tun konnte. Bis auf die Dienstagabende, an denen ich meinen Heilpraktikerkurs gab, von dem ich lebte. Seltsamerweise funktionierte ich für die paar Stunden, aber kaum, dass ich im Auto saß, begann ich mich wieder aufzulösen. Ein Jahr lang ertrug ich diesen Zustand. Dann näherte sich meine Ex-Freundin mir wieder an. Als ich spürte, dass sie energetisch wieder bei mir war, hörte der Zustand auf. Ich zog wieder zu ihr, und es dauerte einen Monat, bis alles wieder so war wie vor der Krise.

Kapitel 10:
Todesangst

Meine zweite Nacht der dunklen Seele brach 2005, ich war vierzig, akut über mich ein. Ich war in Berlin auf einer Fortbildung in Systemischer Strukturaufstellung bei Varga von Kibéd, und befand mich mitten in dem Konflikt, ob das Familienstellen nach Hellinger nicht doch die ungleich tiefere und effektivere Methode sei. Es war der zweite Tag, und spätabends um elf Uhr, ich wollte gerade ins Bett gehen, entschied ich mich, doch noch mein Handy anzuschalten und die Mailbox abzuhören. Da hörte ich eine Nachricht meiner Mutter: „Dein Bruder ist tot, hat sich zu Tode gesoffen. Ich kann nicht mehr." Das war alles. Was da aus dem Handy kam, war eine Energie, die mich schockartig in meine Kindheit zurückbeförderte. Wie ein ferngesteuerter Automat packte ich meine Sachen und fuhr durch die Nacht von Berlin nach Hamburg zurück. Ich übernahm alles: Ich telefonierte mit meiner Mutter, hörte mir ihre entsetzliche Auflösung an, trug wieder wie als Kind ihr Leben und Schicksal auf meinen Schultern, organisierte die Beerdigung und die Entrümpelung seiner Wohnung, einer Rauchbude, in der aus jeder Ecke die Vodkaflaschen quollen. Zeitgleich erhielt ich durch einen Zufall die Telefonnummer meines Vaters, zu dem ich seit fünfzehn Jahren keinen Kontakt mehr gehabt hatte.

Als diese Ereignisse stattfanden, hatte ich mich bereits seit über drei Jahren mit dem Familienstellen nach Hellinger befasst und gab selbst Aufstellungsseminare. Etwa zehn Aufstellungen meiner Herkunftsfamilie hatte ich bereits hinter mir. Die meisten Aufsteller waren mit meinem Familiensystem überfordert und suchten die Aufstellung zu lösen, indem sie mich dazu aufforderten, mich vor meinen Eltern hinzulegen und ihnen endlich die Ehre zu geben. Ich hatte das einmal versucht, jedoch nach der Aufstellung solche Rückenschmerzen bekommen, dass ich mich für eine Woche kaum bewegen konnte. Trotzdem folgte ich noch immer Hellinger, und glaubte, meine Probleme zu lösen und frei zu werden, indem ich meine Eltern achtete und mich vor ihrem Schicksal verbeugte.

Die Last, meinen Bruder, der mich als Kind täglich verprügelt hatte und den ich jahrelang nicht mehr gesehen hatte, unter die Erde zu bringen, seine tödlich-deprimierende Wohnung zu räumen, meine hysterisch sich in Schuldgefühlen auflösende Mutter zu tragen, mit meinen soziopathischen Vater wieder Kontakt zu haben und mich mit der Hellinger-Idee dazu vergattert zu haben, ein freundliches Verhältnis aufbauen zu müssen, führte dazu, dass ich krank wurde. Ich bekam eine schweren grippalen Infekt, der nicht mehr wegging oder wenn, nach ein paar Tagen umso stärker zurückkam. Ich war nicht mehr in der Lage zu trainieren, ohne sofort krank zu werden. Ich hatte eine Borderliner-Freundin, die weit weg in Koblenz wohnte, mit der ich häufig nachts telefonierte und dabei in tragische Verlassenheitszustände geriet. Als ich Lymphknotenschwellungen in der Leiste und in den Achseln entdeckte, war ich mir sicher, tödlich erkrankt zu sein. In dieser Zeit besuchte ich mein letztes Familienstellenseminar, bei einem recht bekannten Traumatologen. Dieses Seminar brach ich mitten drinnen ab. Er ließ die Aufstellungen stundenlang laufen, bis die Stellvertreter durchdrehten und der reine Wahnsinn herauskam. Bei mir offenbarte sich, dass hinter meinen Identitätsproblemen das Familiengeheimnis stecken sollte, dass ich in Wahrheit gar nicht der Sohn meines Vaters war, sondern dem Inzest meiner Mutter mit ihrem eigenen Vater entstammte. Im weiteren Verlauf der Aufstellung ergab es sich, dass dieser Vater meiner Mutter aber auch wiederum gar nicht ihr wirklicher Vater gewesen sei. Das alles fühlte sich so falsch, so wahnsinnig, so gefährlich an, dass ich mich entschloss, das Seminar zu verlassen. Trotzdem wollte ich es überprüfen. Aber schon die ersten Versuche, das zu erforschen, widersprachen den Fakten derartig, dass es nur noch peinlich war, mit dieser These aufzuwarten. Überdies gab es unleugbare genetische Ähnlichkeiten mit meinem Vater. Dieses abgebrochene Seminar jedenfalls gab mir den letzten Rest, wieder wurde ich krank, und da ich auch immer dünner wurde, diagnostizierte ich eine Leukämie, die unmittelbar vor dem Ausbruch stand oder bereits am Ausbrechen war. Wieder hatte ich mit Panikattacken zu tun, Anfälle von Todesangst, die nun besonders während meiner Arbeit als Familiensteller auftraten. Schließlich entschied ich mich zur ultimativen Konfrontation mit meiner Krankheit und suchte einen Arzt auf, einen früheren Schulkollegen. Ihm offenbarte ich rückhaltlos meine Symptome und Ängste.

Er entnahm mir mehrere Blutproben und begann mit dem Ultraschallgerät meine inneren Organe abzuscannen. Als es auf die Milz zuging, lief mir der Angstschweiß über die Stirn, ich wusste, wenn irgendeine systemische Erkrankung vorlag, dann würde jetzt der Befund kommen. Milz ist ok, hörte ich. Leber auch. Alle inneren Organe in Ordnung, EKG ohne Befund. Ich erfuhr eine gewisse Entspannung, aber nur bis ich zu Hause war. Dort befiel mich wieder die Panik. Entscheidend waren die Ergebnisse der Blutuntersuchung, und das dauerte gut eine Woche. Im Laufe dieser Woche entwickelte ich eine Todesangst in noch nicht gekanntem Ausmaß. Nachts wachte ich schweißgebadet auf und tastete panisch meine Lymphknoten ab, ich bekam wieder Schnupfen und hustete. Ich wusste, dass es mit mir vorbei war. Nur noch die Untersuchungsergebnisse bekommen und dann den Nachlass regeln, wie ich es bei meinem Bruder schon geübt hatte. Den Montag, wo der Arzt mich anrufen wollte, verbrachte ich ausschließlich in der Nähe des Telefons, aber der Anruf kam nicht. Mir war sofort klar, warum: Er schob den unangenehmen Anruf hinaus, weil er nicht wusste, wie er es mir sagen sollte. Ich verbrachte eine schlaflose Nacht, erreichte die Acht-Uhr-Grenze und rief in der Praxis an. Er war noch nicht da, hieß es, ha! Das Schwein ließ sich verleugnen!

Um zwölf Uhr dreißig klingelte das Telefon: „Du, 'tschuldige, ich hatte gestern zu viel zu tun, die ganze Praxis war voll bis zum Anschlag, die Leute haben gerade alle Grippe. Ich weiß gar nicht, wo mir der Kopf steht. Ach ja, deine Befunde, habe ich noch nicht drauf gesehen, wo sind die eigentlich? Ach, die sind ja noch drüben, warte mal, ich geh mal eben rüber ..., du, ne, alles okay, da is nix, nur die Eosinophilen leicht erhöht! Okay, wir sehen uns nächste Woche, dann sprechen wir drüber, ich muss hier jetzt auch mal weitermachen ...“

Als wir uns wiedersahen, setzte er seine Brille ab und sah mich an. Er frage sich, sagte er, ob ich den Begriff Depression zulassen könne ...

Ich konnte es. Die Depression anzuerkennen, war eine ungeheure Erleichterung. Ich war fertig und brauchte

Hilfe, das war die Wahrheit. Er schlug mir vor, für eine Weile, bis ich aus dem Loch wieder raus wäre, Serotonin-Wiederaufnahmehemmer zu nehmen. Die Einnahme von Psychopharmaka hatte ich bis dato strikt abgelehnt, sie nun als Therapeut und Familiensteller einzuwerfen, war für mich meine totale Ohnmachtserklärung. Aber wie gerne unterschrieb ich sie! Mich, was mein persönliches Wertesystem anbetraf, so unten aufschlagen zu lassen, befreite mich von dem Pseudo-Heroismus, alles alleine zu schaffen und ein überhöhter Supertherapeut zu sein. Jede Tablette, die ich schluckte, machte mir klar: Ne, mein Freund, du bist gescheitert, du bist so im Arsch, dass du Tabletten schlucken musst. Dadurch entspannte sich etwas in mir, und ich konnte wieder zwei mal die Woche zum Training gehen, ohne krank zu werden. Wie dankbar war ich dafür, dass ich wieder belastungsfähig war.

Kaum hatte ich wieder Kraft, stellte ich meine therapeutische Arbeit in Frage und zog eine ausgesprochen vernichtende Bilanz: Vier Jahre lang transpersonale Psychotherapie, danach die Ausbildung zum Hypnotherapeuten; eine komplette Ausbildung im NLP bis zum Rang des Lehrtrainers; knappe vier Jahre Familienstellen-Seminare bei den namhaftesten Aufstellern und mit Hellinger persönlich gearbeitet – und das Ergebnis war: Tabletten zu schlucken, um überhaupt noch über die Runden zu kommen.

Diese Zeit, in der ich Serotonin-Wiederaufnahme-hemmer nahm, war geprägt von vielen Abenden, wo ich in meinem Arbeitszimmer mit Stellvertreter-Zetteln die Dynamiken meiner Familie durchspielte. Ich hatte die Fähigkeit – oder entwickelte sie erst durch diese Arbeit – die verschiedenen Energien deutlich zu spüren und zwischen ihnen hin-und herzuswitchen. Das Ziel dieser Arbeit war, die Panikgefühle in meinem Bauch wegzube-kommen. Ich versuchte alles, was ich wusste und gelernt hatte, aber dieses Gefühl im Bauch verbesserte sich nicht. Schließlich gab ich auf. Erschöpft saß ich in der Dunkel-heit, die Straßenlaternen, die durch das Fenster in mein Zimmer hineinleuchteten, warfen ein fahles, kaltes Licht auf die vor mir liegenden Zettel. Vater, Mutter, Bruder, Großvater, Großmutter und das kleine Blatt Papier, wo draufstand „Ich". Ich hob meinen Blick, um mich selbst dort stehen zu sehen. Dahinter befand sich aber ein Bild meines Sohnes, das ich nun direkt ansah. Da machte es Klick. Ich sah mich als einen kleinen Jungen dort auf dem Zettel stehen, ganz so als sei ich mein Sohn, und dann spürte ich, was dieser unschuldige Junge, den ich so liebte, durchgemacht hatte. Ich fühlte, wie es meinem Sohn damit ergehen würde, wenn er das erlebte, was ich in meiner Kindheit erlebt hatte. Das zerriss mir das Herz. Es war ein so tiefer Schmerz, der mich an meiner wun-desten Stelle traf. Für eine Weile schüttelten mich diese

Schmerzwellen, und dann trat Stille ein, Ruhe, Frieden. Und mir fiel auf, dass die Panik weg war. „Das gibt's nicht!" rief ich aus. Ich suchte die Panik, ich überprüfte genau, ob sie sich irgendwo in meinem Körper versteckte, aber sie war wirklich weg. Dann schrieb ich auf diesen Zettel, der für mich als Stellvertreter stand: Kind. Und dann sah ich diesen kleinen Jungen in mir, der ich einmal gewesen war und der das damals alles durchgemacht hatte, und ich sagte zu ihm: „Jetzt bin ich da, mein Schatz. Jetzt sehe ich dich. Und ich gehe nie mehr von dir weg! Nur noch du!" Wieder kam der Schmerz hoch, schüttelte mich durch, zugleich aber fühlte es sich so stimmig, so richtig, so befreiend an. „Dein Schicksal setze ich an die erste Stelle!", rief ich aus.

Auch das fühlte sich stimmig an, obgleich es die Umdrehung der Hellingerschen Dynamik war, dass das Schicksal der Eltern immer Vorrang vor dem der Kinder habe. In meinem Fall hatte es das nicht. Ich sammelte die anderen Stellvertreter-Zettel ein und trug sie aus dem Zimmer, ich warf meine Herkunftsfamilie raus. Dann war ich allein mit meinem inneren Kind. Ich merkte, ich erkannte, ich spürte, dass es meine Aufgabe war, dieses Kind abzuholen, es in all seinen Gefühlen zu hören und zu begleiten – und sein Schicksal radikal zu erlauben! Das war die Geburt meiner eigenen Therapieform.

Meine Tage als Familienaufsteller waren gezählt. Ich sagte alle meine Seminare ab, setzte die Serotonin-Wiederaufnahmehemmer ab, und schrieb das Buch: Befreie dein inneres Kind.

Kapitel 11:
Durchbruch durch das Nadelöhr

Meine dritte dunkle Nacht der Seele brach um die Jahreswende 2009 / 2010 über mich ein, ich war 45. Es war die schlimmste Krise von allen, und sie führte mich durch das Nadelöhr hindurch. Sie bereitete sich vor, als ich gerade geglaubt hatte, ich hätte die Problematik mit meinem Vater endgültig gelöst. Das war im Sommer 2009, als ich in die Schweiz fuhr, zu einem der letzten Internationalen Trainings von Marshall Rosenberg in Gewaltfreier Kommunikation. Dort ergab es sich, dass Marshall und ich miteinander in einem Rollenspiel arbeiteten: Ich schlüpfte in die Rolle meines Vaters und sollte völlig unzensiert sprechen, wogegen Rosenberg in meine Position ging und alles, was ich in der Rolle meines Vaters sagte, aus der Rolle des Sohnes gewaltfrei zurückgab. Die ganze Härte und Brutalität, die ich als Kind von meinem Vater abbekommen hatte, schüttete ich auf Rosenberg aus, und der parierte das zwei Stunden lang in gewaltfreier Kommunikation – bis ich in der Rolle meines Vaters zusammenbrach. Hinter dem ganzen Macho- und Starkgetue trat ein erbärmlicher Angsthaufen hervor. Es war eine fantastische Arbeit von Rosenberg, und ich erinnere, dass wir uns am Ende in den Armen lagen und uns beieinander für diese Erfahrung bedankten. Ich erwog schon, zukünftig als Gfk-Trainer zu arbeiten, da bekam ich Probleme mit dem Verhalten der Teilnehmer: Anstatt authentischer zu werden, schien es mir, dass sie im Verlaufe der neun Tage ein künstlich-heiliges, sektenhaftes Gfk-Gehabe aufsetzten und den Kontakt zu ihrer Wut und Aggression vollständig verloren. Auch Rosenberg betrachtete ich kritischer und meinte zu erkennen, dass er in seiner Hingabe an die Gfk sich der Möglichkeit beraubt hatte, noch Nein oder Stopp sagen zu dürfen. Unser Abschied war nicht gut. Beim abschließenden Mittagessen sprach ich ihn an, um mich bei ihm zu bedanken und ihm meine Achtung für seine Arbeit auszusprechen. Zuvor hatte ich allerdings die Abschlussrunde vorzeitig verlassen, zusammen mit seinem Sohn, der in meinem Alter war und mit dem ich mich angefreundet hatte. Wir hatten uns in der großen Runde zugenickt, waren dann gleichzeitig aufgestanden und hatten den Raum verlassen, weil wir beide die stereotypen Dankbarkeitsaussagen der sechzig Teilnehmer nicht mehr ertragen wollten. Dabei hatten wir aber auch das abschließende Ritual verpasst, und das schien Rosenberg nicht gut aufgenommen zu haben. Nach meinem Verständnis der Gewaltfreien Kommunikation hätte er seine Gekränktheit kommunizieren können, stattdessen ließ er mich wissen, dass er mich bedauerte. „Are you hurt because I left?" fragte ich ihn. „No", antwortete er, „you missed the essence of nonviolent communication.

I am just sorry for you!" Seinen Sohn machte das wütend. Er nahm mich in den Arm und sagte: „Siehst du, das ist typisch für meinen Vater. Zum Abschied gibt er dir noch einen Haufen Scheiße in die Hand!"

Danach war ich im Schock. Hinter den ruhig ausgesprochen Worten von Rosenberg meinte ich, reine Ablehnung zu spüren, ohne sie aber als Aggression adressieren zu können. Es fühlte sich für mich an, wie mit voll geöffneten Herzen gegen einen Vorschlaghammer gerannt zu sein. Benebelt trat ich meine Rückreise an, und erkannte nicht, dass die Gefühle des verlassenen, verratenen inneren Kindes mich übernommen hatten. Rosenberg hatte in mir die Sehnsucht nach dem Vater, den ich nie gehabt hatte, angetriggert – und sie enttäuscht. Und ich war im Laufe des Seminars in das Spannungsfeld eines ungelösten Konfliktes zwischen Rosenberg und seinem Sohn geraten, der gegen seinen Vater und die Gfk rebellierte. Vermutlich hatte ich in Rosenberg das Anerkennungsbedürfnis, das er gegenüber seinen Sohn hegte, angetriggert, und ihn hinwiederum darin enttäuscht – das sind Vermutungen, Deutungen, die mir heute sein abweisendes Verhalten bei unserem Abschied erklären und Rosenberg menschlich machen. Damals aber war ich nicht in der Lage, diese wechselseitigen Projektionen zu durchschauen und Abstand zu diesen Dynamiken zu halten.

Ich merkte nicht, wie verwundet ich war, und als mich zu Hause weitere Einschläge trafen, kämpfte ich mit den Widerständen, anstatt meine Verletzung wahrzunehmen. Meine Vermieterin mobbte mich aus der Praxis und ich geriet in Gefahr, meine Kursteilnehmer zu verlieren. Ich fühlte mich existenziell bedroht. Meine damalige Freundin eröffnete zu der Zeit ein Zentrum, in dem ich mich fluchtartig einmietete und nicht wahrhaben wollte, wie unsicher unsere Verbindung war und wie sehr ich mich mit diesem Schritt in eine Abhängigkeit von ihr brachte. Sie ließ es mich spüren, als es in unserer Beziehung immer mehr zu kriseln begann. Als wir uns zum Jahresende trennten, stürzte ich in einen bodenlosen Abgrund. Nach ein paar Tagen versuchte ich sie zurückzugewinnen, aber sie hatte auf eiskalt geschaltet. Ich erhielt eine Email von ihr, in der sie mir mitteilte, dass sie alles, was sie an mich erinnerte, in einem Abschiedsritual verbrannt hatte. Es sei für immer vorbei, und um das endgültig sicherzustellen, habe sie bereits mit einem anderen Mann geschlafen. In der anschließenden Nacht sah ich nur noch, wie sie mit dem anderen Mann den tollsten Sex erlebte und mich einfach vergessen und ersetzt hatte. Mein gesamter Körper begann zu zittern und zu schwitzen, in meinen Eingeweiden schien sich ein Ungeheuer zu erheben, das meinen Körper in Besitz nahm und mich auslöschen wollte. Nackte Panik erfasste mich, und ich war außerstande,

dies zu erlauben oder es als ein inneres Kind wahrzunehmen. Das ging mehrere Nächte so. Auch konnte ich vor
Schmerz wieder nichts mehr essen und wurde zunehmend substanzloser. Schließlich erlebte ich eine weitere
so schlimme Nacht, dass mir nichts anderes einfiel, als
Gott um Führung anzuflehen. Als ich am Morgen in mein
Arbeitszimmer ging, fiel ein Buch aus dem Regal, das ich
offenbar bestellt, aber vergessen hatte. Es handelte sich
um *Liebeskummer lohnt sich doch*, von dem bereits erwähn-
ten amerikanischen Psychotherapeuten Krishnananda
Trobe, einem Osho-Schüler. Ich las die ersten Sätze und
wusste sofort, dass mir hier die Führung gegeben wurde,
nach der ich verlangt hatte. Das Buch drehte sich darum,
jede Kompensation zu unterlassen und stattdessen voll in
die existenzielle Angst zu spüren.

Wochenlang hielt ich mich an diesem Buch fest, ver-
schluckte jede Zeile, jedes Wort, ohne dass sich mein
Zustand besserte. Ich dachte nur noch, ich dachte alles
durch und immer wieder, unterdessen verlor ich innerhalb von drei Wochen fünfzehn Kilo. Der Liebeskummer frass mich auf, mit jedem Tag ein wenig mehr, das
spürte ich. Ich erinnere, dass es einer der kältesten und
schlimmsten Winter überhaupt war, und da ich kein
Unterhautfettgewebe mehr hatte, zitterte ich den ganzen
Tag. Schließlich, es war ein Sonntag, ich ging einsam an

der trostlos vereisten Elbe spazieren, da merkte ich, dass ich nicht mehr konnte. Ich konnte mich nicht mehr aushalten. Ich schleppte mich in meine Wohnung zurück und war so schwach, dass ich die Treppe kaum noch schaffte. In meinem Wohnzimmer legte ich mich auf die Couch und wollte sterben, endlich sterben, damit die Qual ein Ende hatte. Schmerz, bitte töte mich jetzt, bitte! sagte ich und schloss die Augen.

Es baute sich ein Druck in meinem Brustkorb auf, und ich spürte einen fiesen, vernichtenden Schmerz, etwa wie Zahnschmerz, aber lokalisiert auf die unteren Rippen. Gleichzeitig merkte ich, dass mich der Kontakt zu diesem Schmerz von der Gedankenqual erlöste. Also spürte ich exakt hinein und hielt mich an diesem Schmerz fest. Nun bekam ich das Gefühl, dass die unteren Rippen brachen und sich langsam nach außen wölbten. Der Schmerz wurde so stark, dass ich nichts anderes mehr wahrnahm und ganz mit diesem Schmerz verschmolz. Während die übrigen Rippen zu brechen und sich nach außen zu wölben begannen, schien es so, als gab es mich nicht mehr, sondern nur noch etwas, das diesen Schmerz fühlte und sonst nichts. Das dauerte gut anderthalb Stunden, bis alle Rippen gebrochen und nach außen gebogen waren. Dann, mit einem Mal, hörte alles auf. War ich tot oder nicht, ich wusste es nicht. Es gab dieses Ich nicht mehr. Stattdessen spürte ich einen Frieden, eine Ruhe, eine Stille, es war köstlich. Alles war still, nichts regte sich mehr, es gab nur noch reine Freiheit. Wie lange ich in diesem Zustand blieb, weiß ich nicht, aber irgendwann merkte ich, dass eine Präsenz im Raum war. Ich blinzelte, längst war es dunkel geworden, aber ich meinte jemand zu erkennen, der vor meiner Couch stand. Es schien Osho zu sein. Er lächelte und nickte mir zu, dann löste er sich auf. Als ich aufstand, fühlte ich mich seltsam leicht, als ob ich schwebte und nach unten offen war. Dann merkte ich meine Erschöpfung, und Hunger. Ich machte mir eine Linsensuppe aus der Dose und löffelte sie aus. Ich genoss den Geschmack und die Wärme, die durch meinen Körper fuhr, wenn ich schluckte. Danach ging ich ins Bett. Kurz bevor ich einschlief, fiel mir noch auf, dass ich gar nicht mehr dachte. Den nächsten Tag verbrachte ich gelöst, konnte wieder essen und schlafen, aber den darauffolgenden Tag fing es am Nachmittag wieder an, schlimm zu werden. Ich hatte mit einem Freund telefoniert und ihm voller Freude von meiner Erfahrung berichtet, er aber reagierte skeptisch. Er hielt es für die Manifestation einer manischen Psychose, in die ich nach der depressiven Episode hineingerutscht sei. Ich merkte, dass die Angst wieder hochkam, legte mich sofort ins Bett, schloss die Augen und spürte exakt in die Panik hinein. Sofort rutschte ich hinunter in diese Offenheit im Bauch, meinte aber, das Quietschen der

Schlafzimmertür zu hören. Ich blinzelte und sah unvermittelt in Oshos Augen. Was ich in diesem Blick sah, lässt sich schwer beschreiben.

Es war ein Meer von solcher Güte, oder besser, eine unendliche Neutralität angesichts derer alles, wirklich alles gut war. Diese totale, diese bedingungslose Liebe strahlte aus diesen Augen direkt in mein Herz, gleichzeitig war es so unaushaltbar schmerzhaft, diese Liebe hineinzulassen. Es kam ein Schluchzen aus mir, das meinen Bauch und mein Brustkorb erschütterte, ein so tiefes archaisches Geräusch, wie ich es noch nie gehört hatte: Als ob tausend Seelen aus der Finsternis emporkommen und ihre Qualen ins Licht stoßen. Langsam ebbte es ab, und ich fühlte mich plötzlich so leicht, dass ich lachen musste. Nun sah ich, dass Osho zurücktrat. Er lächelte mich an, zwinkerte mir verschmitzt zu und sagte: Good work! Ich sah ihn nie mehr wieder.

Danach ging es mir von Tag zu Tag besser. Häufig legte ich mich ins Bett, stellte mir vor, wie meine Ex-Freundin mit einem anderen Mann schlief, nahm eine kurze Abwehrbewegung wahr, aber gelangte dann sofort zu diesem im rechten Bauch aufsengenden Schmerz, spürte ihn exakt, und tauchte, rutschte mitten hindurch in die wunderschöne Freiheit darunter. Das wurde meine tägliche Praxis, die mich von der Gedankenqual befreite.

Nach einer Weile kam ich wieder mit meiner Ex-Freundin zusammen. Sie hatte gar nicht mit einem anderen Mann geschlafen, sondern es mir nur gesteckt, um sich zu rächen und mir wehzutun. Es zeigte sich bald, dass sie mir auf dem Weg, sich seinem Schmerz zu öffnen, ihn zu fühlen, zu zeigen und zu bekennen, nicht begleiten wollte. Sie entschied sich, ihre Gefühle weiterhin wegzudrücken und positiv zu denken, und wir trennten uns endgültig. Auch diese Trennung war schwer, aber hatte nicht mehr die erschütternde Auswirkung auf mich wie zuvor. Ich wechselte den Praxisraum, bot erstmalig die Grundseminare der Radikalen Erlaubnis an, und verarbeitete viele Konflikte aus dieser Beziehung in dem Buch *Wie wir uns vom positiven Denken heilen*.

Kapitel 12:
Kein Wunder, dass ich so bin, wie ich bin

Bedeutungslos zu sein, austauschbar zu sein, einfach weggeworfen und vergessen zu werden, im Grunde völlig wertlos zu sein, das umschreibt die tiefen Glaubenssätze, die sich in uns um unsere zentrale Wunde gebildet haben und die aktiviert werden, sobald unsere Verlassenheitswunde berührt wird. Wenn wir in diesen Glaubenssätzen versinken und, anstatt sie nur wahrzunehmen, sie wirklich glauben, verlieren wir den Kontakt zu unserem Körper und wie er sich gerade anfühlt. Stattdessen denken wir über unsere Wertlosigkeit nach und wie wir beweisen können, doch nicht wertlos zu sein. Aber alles, was wir in dieser Blase denken, dreht sich um unsere Wertlosigkeit und fußt auf der Annahme, unsere Wertlosigkeit sei eine Tatsache. Es ist so, wie die Welt aus einem einzigen Bullauge heraus zu betrachten, durch eine Linse zu sehen, die ausschließlich Wertlosigkeit herausfiltert.

Wenn wir in dieser Weise in unser verlassenes inneres Kind hineinrutschen und die Welt durch seine Augen sehen, besteht die Kunst für uns darin, das zu erlauben und zu erforschen, anstatt in die Wächter zu flüchten und uns zu wehren. Wie fühlt es sich an, so da zu sein? Welcher Gast beherrscht uns, wer ist es, der uns da so übernommen hat?

Es ist ein inneres Kind, das, aus gutem Grund, diese Welt so sieht, es ist jenes kleine Kind in uns, das unser tiefstes Trauma erfahren hat und darauf wartet, wahrgenommen und abgeholt zu werden – es möchte also genau das bekommen, was damals im Trauma gefehlt hat. Dies ist das Kind, das unter unseren Wächtern liegt, und das mit seinen Wertlosigkeitsgefühlen unsere Wächter dazu antreibt, erstens den Gegenbeweis zu führen, dass wir doch wertvoll sind, und zweitens diese Wertlosigkeitsgefühle vollständig aus unserer Wahrnehmung zu verbannen.

Die Kompensation unserer Wächter erübrigt sich in dem Moment, wo wir uns unserem verlassenen inneren Kind zuwenden – ohne es verändern, loswerden oder retten zu wollen. Das ist das Entscheidende: es nicht verändern, sondern es anhören und kennenlernen zu wollen. In dieser offenen, ja neugierigen Haltung, die erst möglich wird, wenn wir uns unserer Schutzmechanismen bewusst sind, können wir dieses Kind einladen, sich uns zu zeigen und spüren zu lassen. Es darf uns alles zeigen: Es darf uns seine Geschichte erzählen, es darf uns seine Verzweiflung zeigen und spüren lassen, seine Hoffnungslosigkeit und Enttäuschung, seine tiefe Resignation und Verbitterung, und wir weichen nicht! Wir bleiben bei diesem Kind ganz nah dabei und versichern es, dass wir da sind, egal, was es uns zeigt, egal, wie wütend und anklagend es sich äußert.

Wenn wir in dieser Behutsamkeit uns unserem verlassenen, traumatisierten, verratenen Kind annähern, erzählt es uns seine Geschichte und wir erfahren, wir merken, dass es kein Wunder ist, dass sich dieses Kind so fühlt, angesichts dessen, was es erfahren hat. Es hat Recht! Es hat die Berechtigung, so zu empfinden, die Welt so zu sehen, sie für so hoffnungslos zu halten, wie es das tut. Wenn wir diesem Kind zuhören und uns ihm öffnen, diese Gefühle der völligen Verlassenheit mit ihm durchwandern, dann erscheint es uns hingegen als ein Wunder, dass es überlebt hat, dass wir überlebt haben. Angesichts unseres Traumas ist es ein Wunder, dass wir heute so da sind und diesem Kind in uns Raum geben können. Wir haben das Unüberlebbare überlebt, das haben unsere Wächter geleistet, und wenn wir das erkennen und fühlen, wissen wir, dass alles in uns gut ist, dass wir in Wahrheit immer nur das Beste wollten und wollen. Alles, was an uns nicht zu stimmen scheint, unsere Fehler und Schwächen, sind angesichts unseres Traumas und der Tatsache, dass wir das Unüberlebbare irgendwie überlebt haben, vergeben. Die bewusste Wiedererfahrung unseres Traumas führt zu einer Aussöhnung in der tiefsten Tiefe mit uns selbst, mit unseren Fehlern und Unzulänglichkeiten. Unser Trauma zu überleben, war und ist die größte Tat, die wir vollbringen konnten. Wenn wir die Geschichte unseres verlassenen Kindes hören, spüren wir das, und söhnen uns mit allem aus, was danach gewesen ist und was wir alles versuchten, um damit weiterzuleben und doch noch glücklich zu werden.

Eine Freundin von mir dissoziiert den ganzen Tag. Wenn ich mit ihr zusammen bin, konstruiert sie sich beständig und versucht zu ergründen, was in ihr geschieht. Dabei verliert sie ihren Körper und betrachtet sich selbst als ein Objekt, an dem sie beinah in jedem Moment herumdoktert. Wie oft habe ich sie darauf hingewiesen, in den Körper zu spüren, jetzt, jenseits von allen Konstrukten über sich und die Welt, und häufig haben wir uns gestritten, weil sie das nicht konnte und es mir unerträglich wurde, mich mit ihren Wächtern abzuärgern. Eines Abends, als sie angetrunken war, erzählte sie von ihrer Kindheit, und schließlich berichtete sie, wie sie immer wieder beim Zähneputzen von ihrer Mutter ins Gesicht geschlagen und dann dafür bestraft worden war, Zahnpasta verkleckert zu haben. Plötzlich sah ich dieses kleine Mädchen da stehen, das tagein, tagaus dieser sadistischen Psychopathin von Mutter ausgeliefert war, und noch dazu ihre zwei jüngeren Geschwister zu schützen versuchte. Das zerriss mir das Herz. Dass sie nun mit den zahlreichen psychischen Blessuren, die diese Kindheit hinterlassen hatte, mit einer rheumatischen Erkrankung und Serotonin-Wiederaufnahmehemmern in der Tasche, vor mir saß und nicht in der Lage war, in ihren Körper zu spüren oder wenn, sofort wieder nach oben herausrutschte, war angesichts dessen, was sie erlebt hatte, kein Wunder. Dass sie diesen Wahnsinn überhaupt überlebt hatte und immer noch da war, dass sie nicht zu einem bösen, verbitterten Menschen wie ihre Mutter geworden war, sondern sich durch alle

Hindernisse hindurch bemühte, zu sich selbst zu finden und bewusst zu werden – das hingegen ist angesichts dessen, was ihr passiert ist, ein Wunder.

Bei mir selbst ist das nicht anders. Als Kind wurde ich täglich geschlagen. Mein vier Jahre älterer Bruder, dem ich tagsüber ausgeliefert war, verprügelte mich ständig und spielte gerne das Spiel, mich mit einem Kissen fast zu ersticken. Meine Mutter, wenn sie nach Hause kam, drohte mit Weggehen oder Selbstmord, und manchmal verpasste sie mir in einer Art Rausch ein Feuer von Ohrfeigen, dabei verbot sie mir, die Hände zu heben. Mein Vater, der häufig trank, vollzog am Abend gerne ein Prügelritual, bei dem es ihm Spaß machte, vorher mit uns Kindern zu diskutieren, wer als Erster drankäme. Als ich elf war, wanderte mein Vater nach Jamaika aus, und mein Bruder zog zu einer Freundin. Ich war mit meiner Mutter allein, und sie beging drei Selbstmordversuche. Als sie in die Klinik kam, lebte ich wochenlang allein, niemand kümmerte sich um mich, niemand interessierte sich für mich. Ich ging zur Schule, ich kaufte ein, und ich tat so, als sei nichts gewesen.

Wenn ich heute verlassen werde oder in die unmittelbare Gefahr des Verlassenwerdens gerate, fühlt es sich an, als explodiere etwas in mir, eine ungeheure Energie wird in meinen Eingeweiden aktiviert und überflutet mich. Das Programm

Dies darf nie wieder passieren! springt an und meine Wächter versuchen alles, Stabilität wiederherzustellen; im ersten Moment, indem die Partnerin, die diese Gefühle auslöst, als die Schuldige bekämpft wird. Früher, vor den Erfahrungen meiner dunklen Nächte der Seele, war ich diesem Prozess ausgeliefert, und ich erinnere mich noch, wie ich im Alter von neunzehn zwei Jahre lang schlimmsten Liebeskummer in mir trug, der einfach deshalb nicht wegging und sich nicht verändern konnte, weil ich im Kampf gegen diese auflodernden Verlassenheitsgefühle hoffnungslos identifiziert war.

Es gibt etwas in mir, das verlangt nach intensiver Auseinandersetzung, nach Tiefe; das verlangt danach, meine Wunde zu spüren, mich in ihrer Nähe aufzuhalten, den Energieanstieg zu erfahren, Bekenntnis abzulegen und durch die Enge des Nadelöhrs hindurchzugehen. Dabei lerne ich mich selbst kennen und finde Erlösung von meinen Konflikten, wenn ich mich dem Schmerz meiner Verlassenheit stelle, ihn exakt spüre und in die große Freiheit darunter gelange. Das geschieht meist, wenn ich mitten in der Schlacht, die in mir tobt, anhalte, mich in mein Bett lege, die Augen schließe, und anfange, radikal erlaubend mit mir umzugehen. Ich tue dann die Arbeit der Radikalen Erlaubnis, die ich meinen Seminaren anbiete und in meinen Büchern beschreibe: Alles, was in mir lebendig ist, als innere Kinder, als kleine Mikes wahrzunehmen, mich diesen Kindern in mir zuzuwenden und ihnen zuzuhören.

Ich glaube, angesichts dessen, was mir widerfahren ist, ist es kein Wunder, dass ich mit dem Thema des Verlassen- und Verratenwerdens so zu tun habe, ganz so, als kreise mein ganzes Leben um dieses eine Thema. Das durfte nie wieder passieren, und doch passierte es immer wieder. Inzwischen öffne ich mich freiwillig meiner Verlassenheitswunde und kommuniziere sie. Ich kann sie aushalten, ich kann mit ihr allein sein. Das befähigt mich dazu, meine Grenzen präzise zu ziehen und den Beziehungsabbruch zu riskieren, anstatt mich zu korrumpieren, um nicht verlassen zu werden. Das ist ein Unterschied zu zuvor, wo ich versuchte, meine Verlassenheitswunde mit einer Partnerin zu kompensieren oder sie mir wegzupsychologisieren.

So gibt es also einen Jungen in mir, diesen Elfjährigen, für den es wahr ist, dass er nichts wert ist, das hat er erfahren und das glaubt er wirklich. So sieht die Welt für ihn aus. Diesen Jungen kann ich nicht heilen. Allein der Versuch, ihn heilen zu wollen, weist ihn zurück.

Was ich aber tun kann, was ich gelernt habe, ist ihn in seiner ganzen Verzweiflung anzuerkennen. Er ist wirklich in mir, er lebt in mir, und er kommt immer wieder hervor. Manchmal gibt es Momente, wo er mich ganz verschluckt. Wenn das geschieht, dann verhalte und empfinde ich mich wirklich so wie dieser Junge, der von seiner Mutter und allen anderen verlassen und vergessen wird. Dann habe ich abgrundtiefe Panik in mir, renne auf und ab, versuche irgendjemanden anzurufen, um das Gefühl zu bekommen, doch nicht allein zu sein; dass da irgendjemand ist, für den ich wichtig bin. Meist erreiche ich dann niemanden, und das ist, das weiß ich hinterher, auch besser so. In dieser Aufgelöstheit, wenn ich keine Präsenz habe und ganz in diesem Jungen drinstecke, kann mich niemand retten und mich kann auch niemand aushalten. Ich bin so dankbar, dass ich in solchen Zuständen immer mehr die Rest-Bewusstheit habe, dass ich durch diesen Zustand hindurchgehen kann. Dass ich nicht daran sterbe, und dass dieser Zustand vorübergehen wird. Das habe ich abgespeichert, dass sich dieser Zustand, sobald ich mich ihm stelle, schlagartig wandelt. Ich muss nur zu den Punkt kommen, wo ich wirklich anhalte und bereit bin, durch mich hindurchzugehen. Ich weiß, dass ich mich ins Bett legen kann und dass es reicht, für eine Weile nur in meinen Körper zu spüren und mit dem Gefühl dort Zeit zu verbringen. Die Gedanken sind da, der Zug in die Gedanken ist da, und ich werde, während ich da im Bett liege, von ihm fortgetragen, ich bemerke das, und dann kehre ich wieder zurück zu dem Gefühl, wie es sich exakt dort in meinem Bauch anfühlt. Ich weiß auch, auch das habe ich gelernt, dass sich dieses Gefühl nicht zu verändern braucht. Ich lasse es in seiner ganzen Ungelöstheit für eine Weile einfach so da, halte mich in der Nähe auf, ganz so, wie ein Zelt direkt dort neben dem schlimmen Gefühl aufzubauen, dort zu lagern und nichts weiter zu tun. Es mag eine Stunde vergehen, und es scheint sich nichts geändert zu haben. Dann stehe ich auf, deutlich ruhiger als zuvor, und mit einem Mal löst sich alles auf, meine Stimmung verändert sich total. Ich schlage mir an den Kopf und sage: *Ich fasse es nicht, was für ein Trip! Ich war ja ganz und gar wieder der kleine Junge, der auf seine Mutter wartet.* Dann kommt ein tiefer Atem, und dann *habe* ich diesen Jungen, ich weiß, dass er in mir ist, ich weiß, wie er sich fühlt und wie die Welt aus seiner Sicht aussieht, aber ich *bin* nicht mehr er, ich verwechsle mich nicht mehr mit ihm.

Wenn ich diesen Punkt erreicht habe, bin ich für diesen Moment meiner persönlichen Psychologie enthoben. Ich bin still und ruhig, weder stecke ich in meiner Verlassenheitswunde noch bin ich identifiziert damit, sie zu kompensieren und zu beweisen, dass ich doch etwas wert bin. Dies ist dann nicht mehr meine Identität, ich bin sozusagen identitätslos, ich bin jenseits meines Traumas und jenseits dessen, es kompensieren zu müssen.

Wenn ich zu diesem Jungen in mir hinspüre, wenn ich diese schreckliche Zeit von damals anspüre, wie es wirklich gewesen ist, dann erscheint es mir als ein Wunder, dass ich mir ein offenes Herz bewahrt habe. Mit vielem in mir bin ich nicht zufrieden, da gibt es so vieles, was, wenn ich mich kritisch betrachte, nicht okay ist und in Ordnung gebracht werden müsste. Ich habe einen Kritiker in mir, der mich gnadenlos abwertet, und einen Rebell, der in Sucht und Betäubung flüchten möchte. Und einen Jungen, den man versucht hat – ob bewusst oder unbewusst, spielt hier keine Rolle – kaputt zu machen. Angesichts dessen, was er erlebt hat, erscheint es mir als ein Wunder, dass ich noch da bin; als kein Wunder allerdings, dass ich so bin, wie ich bin und dass ich die Probleme habe, die ich habe.

Wenn wir alles dafür tun, ein schmerzfreies Leben zu haben, wenn das Ziel unserer Anstrengung ist, ein Leben zu führen, wo die Gefahr, den tiefsten Schmerz von früher wiederzuerfahren, verbannt ist, wird, wie ich ausgeführt habe, unser Leben langweilig und öde. Der Schmerz ist nicht weg, sondern schlummert im Hintergrund, er schwelt in uns, während wir alles Mögliche tun, aber nichts erlöst uns von diesem Hintergrundschmerz. Wir weichen dem aus, was für uns maximale Intensität hat. Anstatt dorthin zugehen, anstatt dort durch die Intensität hindurchzugehen, fahren wir ein Ausweichmanöver nach dem anderen, aber spüren, wie uns der Treibstoff dabei ausgeht: Nichts macht richtig Spaß, wir müssen uns für alles anstrengen und die Vergnügungen haben einen schalen Beigeschmack.

Sich seiner Verlassenheitswunde zu stellen, den Anstieg der Intensität zu suchen und zu halten, sie auszuhalten und durch sie hindurchzugehen, ist kein optionales Unterfangen, sondern unsere Lebensaufgabe schlechthin. Diese Arbeit ist bindend, zwingend. In dieser Arbeit, das glaube ich, findet sich und erfüllt sich unsere Mission.

Ich erhalte häufig Rückmeldungen von Leuten, die meine Bücher zwar gelesen haben, aber die mich nicht kennen und nie mit mir gearbeitet haben. Nicht selten entsteht bei mir der Eindruck, dass sie im Grunde nicht wirklich nachvollziehen, wovon ich spreche und was ich in Wirklichkeit mache. Sie mögen es intellektuell verstehen, sie mögen es plausibel finden, sie mögen Kontakt zu sich finden, und sie versuchen diesen Gastgeber, diese Position, mit etwas in sich zu sein – anstatt verschmolzen oder davon abgetrennt – zu erdenken. Dabei fehlt ihnen die Referenzerfahrung, wie es sich überhaupt anfühlt, da zu sein, ohne Identität, hier und jetzt, und alles kommen zu lassen und zu bekennen, was lebendig wird. Sie sind so an ihre Identität gewöhnt, so mit ihr verschmolzen und verfestigt, verwechseln sich derartig mit ihr, dass sie zwar verstehen können, dass es einen Zustand der Leere gibt, aber diesen in sich gar nicht finden können, zumindest nicht unten in ihrem Körper. Sie wollen mit ihrer Identität das identitätslose Sein erfassen, aber ihre Identität, die wollen sie dabei nicht lassen.

Manchmal erinnere ich mich zurück, wie sich das anfühlte, als es mir selbst so ging. In meiner Vergangenheit, bevor mich die dunklen Nächte der Seele heimsuchten, war ich genauso. Ich dachte und dachte. Ich las Philosophie und Psychologie, östlich und westlich, ich betrieb Yoga und meditierte, ich ernährte mich vegetarisch, ich kaufte im Bioladen ein, ich trank nicht, rauchte nicht, eigentlich machte ich alles „richtig", aber einfach da zu sein, ohne Konzept von mir und meinem Leben, war mir ein Rätsel, ein absolutes Koan. Je mehr ich darüber nachdachte, je mehr ich mich denkend zu erreichen suchte, desto ferner und komplizierter, desto mysteriöser wurde mir der Zustand dieses reinen Seins. Ich wollte so gerne frei sein, befreit von dieser Anstrengung, dauernd zu suchen, aber immer weniger zu finden. Die Wächter waren so stark in mir, dass ich nicht einen Millimeter aus ihnen herauskam. Aber ich war auch geschützt. Wenn es hart für mich wurde, habe ich nichts mehr gefühlt, sondern nur noch gedacht. Ich habe mich dargestellt, als sei ich absolut auf dem richtigen Weg – und darin unverletzbar. Ich war scheinbar sicher, aber gleichzeitig erlebte ich mich wie hinter einer Milchglaswand, mein Erleben fühlte sich nicht real an – als ob ich einen Meter entfernt von der Wirklichkeit existierte.

Das lockerte sich in therapeutischen Kontexten, dort kam ich an meine Gefühle heran und erlebte sie intensiv, aber zuhause war ich bald wieder der Alte. Diese Identität, die ich hatte, war stärker. Ich hatte nach wie vor die Wahl, auf oder zuzumachen, mich zu öffnen oder zu verschließen, je nach

Lage der Dinge. Und wenn es unangenehm wurde, schützte ich mich wieder. Das Leben musste mich erst zwingen, musste mich mit meinen Gefühlen überwältigen, damit meine hermetische Schutzschicht zusammenbrach. Durch diese Krisenzeiten zu gehen, hat mich verändert, und heute ist es so, dass ich nicht mehr abspalten kann. Wenn, dann nur vorübergehend, weil das Leid, das ich dabei erfahre, zu stark ist. Manchmal habe ich allerdings mit Menschen zu tun, die mich zwingen, dichtmachen zu müssen. Ein langjähriger enger Freund zum Beispiel, mit dem ich früher offen über meine Verwundungen und Zweifel sprechen konnte, geht seit einer Weile einen anderen Weg. Wenn wir jetzt miteinander sprechen, fällt es mir schwer, wirklich zu sagen, was ich denke und fühle, weil ich den Eindruck habe, er tut das nicht mehr, sondern hält mit etwas hinter dem Berg. Das fühlt sich dann komisch für mich an, und ich sage ihm das. Er rechtfertigt sich und macht mir rational klar, warum das nicht angebracht ist, dieses Unbehagen zu fühlen, dabei schleicht sich ein aggressiver Unterton ein, und ich sage lieber nichts mehr dazu. Ich merke, entweder muss ich diese Freundschaft aufgeben oder auch anfangen, mich zu schützen und aufzupassen, ob ich mich öffne oder nicht. Das finde ich so anstrengend, so unbefriedigend, so tragisch, dass ich nicht dazu bereit bin. Absichtlich die Mauer hochzufahren und Dinge, die in mir lebendig sind, zu unterdrücken, erzeugt heute Leid in mir, früher war es eine Selbstverständlichkeit. Ich kann es noch, aber ich kann es mir selbst nicht mehr verbergen, dass ich mich nicht authentisch äußere. Ich kann meine Gefühle nicht mehr unterdrücken, ohne dass ich das merke. Wenn ich es tun will, um mich zu schützen, bricht mir bereits in der Vorbereitung die Motivation weg. Ich habe die Wahlfreiheit von früher verloren. Wenn mir etwas wehtut, tut es wirklich weh. Wenn mir etwas Freude macht, zerspringe ich vor Überschwang. Meine Gefühle treffen mich mittlerweile mit voller Intensität, ich spüre direkt die Empfindungen im Körper, und da ich das gelernt und mir erarbeitet habe, ist es mittlerweile so, dass ich ganz gut mit den schlimmsten Gefühlen umgehen und sie im Körper halten kann. Das kommt daher, dass ich mit ihnen in Kontakt gegangen bin, sie kennengelernt habe, kennenlernen musste, weil mir nichts anderes übrig blieb. Das geschah in den großen Krisenzeiten, in diesen dunklen Nächten der Seele, wo mein Leben am Schlimmsten war, diese Zeiten, wo ich in die Enge des Nadelöhrs geriet und alles in mir flüchten wollte, aber nicht konnte.

Teil 3

Unter dem Nadelöhr:
Ins Ungewisse gehen

„Wenn man es versteht, immer verwundbar zu bleiben …
Je verletzter man ist, desto offener wird man;
darauf kommt es an."

Henry Miller

Kapitel 13:
Hingabe an den Schmerz

Öffnen wir uns unserer Verwundbarkeit, sind wir frei und unserer selbst enthoben; blenden wir sie hingegen aus und kämpfen gegen sie an, ohne unsere Identifizierung zu erkennen, führt unser Leben ins Leid.

Sich seinem Schmerz zu öffnen, meint nicht, ihn zu suchen, um ihn loszuwerden, ihn zu fühlen, um von ihm befreit zu sein. Die Idee, die immer wieder auftaucht, ich gehe einmal voll durch meinen tiefsten Schmerz und hinterher habe ich niemals wieder mit ihm zu tun, ist eine Heilsfantasie, geboren aus einer Identifizierung mit einem Teil in uns, der im tiefsten Grunde gegen den Schmerz ist und Unverwundbarkeit anstrebt. Das ist eine Identifizierung, die erkannt werden will. Bei solcher Art Umgang mit uns selbst bleibt, so verdeckt es auch sein möge, eine Feindlichkeit gegen den Schmerz eingemischt, und genau diese ist es, die unser Unterfangen scheitern lässt. Dann wissen wir noch nicht, wie es sich anfühlt, unter dem Schmerz zu sein. Wenn wir oberhalb des Nadelöhrs stecken bleiben, dann spüren wir zwar den Schmerz, dort, da unten, da ist er, aber wir können ihn nur von hier oben aus der Position des Widerstands wahrnehmen. Zwar haben wir Kontakt zu unserem Schmerz, aber wir können ihn keineswegs einfach da sein lassen. Wir spüren zu ihm hin, um an ihm herumzudoktern, in Wahrheit wollen wir ihn nur weghaben und überprüfen immer wieder, ob er endlich weg ist. Weil er nicht direkt gefühlt wird, bleibt er aber in unveränderter Form und Stärke da, während wir uns immer weiter im Widerstand verstricken.

Liebeskummer

Wenn wir in die Enge des Nadelöhrs kommen, in die vermeintlich unaushaltbare Zone, erfahren wir, wie ich oben beschrieb, einen Energieanstieg. Durch einen Trigger wird unser Trauma aktiviert, das kann durch ein bestimmtes entwertendes Ereignis geschehen, zum Beispiel, wenn uns ein Partner betrügt. Dann wird die im Trauma gebundene Energie entfesselt, und diese Energie muss irgendwohin.

Die Trauma-Energie können wir uns wie Lava vorstellen, die mit Hochdruck einen Weg zum Ausbruch sucht. Sie kann sich horizontal entladen, wenn sie den Weg in die Sexualorgane findet oder dahin geführt wird, wie es bei der Erotisierung der Verlassenheitswunde der Fall ist. Dann erfahren wir eine auflösende, vernichtende Geilheit, in der wir, wenn wir uns von ihr erfassen lassen, jeden Schutz, jede Distanz, jede Kontrolle verlieren, und in der sich unsere Identifizierung mit unseren Wächtern auflöst.

Findet die Energie nicht den horizontalen Weg, schießt sie vertikal nach oben, voll in unsere Wächter hinein und befeuert sie, sodass wir uns einer Gedankenflut ausgesetzt sehen, die uns jeglicher Ruhe beraubt. Das erfahren wir, wenn eine Beziehung zerbricht, und wir nur noch an den anderen denken, an sein schönes Leben ohne uns, und uns nichts bleibt außer Qual. Da wehrt sich etwas in uns bis auf das Äußerste gegen den Schmerz, und in dieser Identifizierung machen und tun wir, lesen Bücher, sprechen mit Freunden, erzählen immer wieder dasselbe, und kommen doch kein Stück weiter, weil wir nicht anerkennen können, dass wir nur davonkommen wollen. Uns entgeht, wie sehr sich etwas in uns wehrt, und solange wir das nicht anerkennen, können wir aus dieser Identifizierung nicht herauskommen, und alles, was wir tun, verstärkt nur noch die Identifizierung und damit die Qual. Aus dem Kopf ist hier gar nichts zu erreichen und in den Körper kommen wir nicht hinein. Wir lesen Psychobücher, die uns von der Qual erlösen sollen, und denken noch mehr als jemals zuvor. Gerade dadurch, dass wir über den Kontakt mit dem Schmerz nachdenken, aber nicht in ihn hineingehen, verhindern wir den direkten Kontakt, der unseren Schmerz heilen und verändern würde. Wir können diese Hingabe an den Schmerz nicht erwollen! Gerade dass wir die Hingabe an den Schmerz wollen, um von der Qual erlöst zu sein, führt uns in ein zunächst als unlösbar erscheinendes Paradoxon, aus der es kein Entkommen gibt: Je mehr wir tun, desto stärker wird die Qual. Kapitulieren kann nicht erleistet werden.

Über das Nichtdenken nachdenken

Sich dem Schmerz zu öffnen, geht also nicht, wenn wir identifiziert sind. Sich dem Nichts, jener Leere, wenn die Gedanken stillstehen, öffnen zu wollen, geht nicht, wenn wir identifiziert sind – das verstärkt nur noch das Leiden. Liebeskummer zu haben, Verlassenheitsschmerz zu spüren, darin zu versinken, und dann zum Beispiel Eckhart Tolle zu lesen, verstärkt die Qual maximal, weil jetzt auch noch der Druck hinzukommt, still sein zu müssen. Wenn er uns sagt, erkenne dein Ego und erkenne, dass du nicht dein Ego bist, sondern die Stille; diese Stille ist dein wahres Wesen, dann denken wir auch das noch durch. Je mehr wir über das Nichtdenken nachdenken, desto größer wird die Qual und desto offenbarer wird es, dass wir nicht still sein können, dass wir überhaupt keinen Kontakt zu diesem Nur-Sein bekommen können. Oder wenn, dann nur für ein paar Sekunden, bis die Gedankenqual in noch tausend Mal schlimmerer Form zurückkehrt. Auch Meister Eckhart können wir nicht ertragen. Wenn der uns sagt, *wo immer dein Ich am Werke ist, da lass es fahren dahin*, dann macht uns das fertig. Dabei haben beide recht. Aber beide holen uns nicht in unserer Identifizierung ab. Da können sie uns nicht helfen, da kann uns überhaupt kein Erleuchteter helfen, weil wir so unerleuchtet sind. In uns ist kein Licht mehr. Die Stories davon, wie es ist, im Licht zu sein, erhöhen nur den Veränderungsdruck. Sie führen uns noch weiter hinaus aus unserem Körper, sodass wir immer mehr von unserer Substanz verlieren. Die Erleuchteten künden uns von der Abwesenheit von Kampf, wir aber befinden uns mitten auf dem Schlachtfeld. Da die Erleuchteten uns nicht durch unsere Identifizierung in unseren Körper führen, nicht durch unseren Körper und den dort wütenden Kämpfen hindurchbringen, können sie uns nicht helfen, sondern nur den Druck weiter erhöhen, den wir ohnehin in uns haben, nämlich nicht mehr zu leiden.

Die Identifizierung anerkennen

Aus Identifizierungen kommen wir nicht durch Gedanken heraus, denn der Sinn einer Identifizierung besteht ja gerade darin, uns denken zu lassen, anstatt zu fühlen und in den Kontakt zu gehen. Wir können soviel wie möglich über den Kontakt nachdenken, aber wir bleiben im Denken und dadurch verstärkt sich die Identifizierung. Identifizierung meint hier, dass uns ein Teil übernimmt, der unerträglichen Schmerz abwehren will, und deshalb so geladen ist. Dieser Teil gibt so ohne weiteres kein Terrain preis. Er besetzt uns voll und ganz, und es ist egal, was wir tun, nichts hilft. Eines gibt es aber, und das ist, wie ich es oben ausgeführt habe, sich eine anerkennende Bewusstheit über diesen Vorgang zu verschaffen. Das ist noch nicht Spüren und im Kontakt-Sein, aber es führt dahin, es ist der erste Schritt, ein Stück Raum außerhalb der Identifizierung wieder zurückzugewinnen. Es mag ein Minimum an Raum sein, aber dieses Minimum, dieses Stück von *Mehr* – mehr zu sein, vielleicht gerade genug, um die Identifizierung, die uns gerade beherrscht, zu erkennen – reicht aus, einen ersten Shift zu erfahren, und sei der auch ganz klein: einen, und wenn auch nur einen einzigen, freien Atemzug zu bekommen! Man missverstehe das nicht als Kampf, nicht als ein Wegschieben, sondern als eine Anerkennung, eine Erkennung dessen, was ist: *Ah, ja, stimmt, ich bin total identifiziert, ich leide nur noch, richtig, so fühlt sich eine Identifizierung an!* Kennzeichen einer Identifizierung ist immer das Leid. Leiden wir, quälen wir uns, sind wir immer identifiziert. Wir sind, wenn uns etwas fehlt, immer von einem Teil besetzt und vergessen, wie es sich anfühlt, wenn uns nichts fehlt. So suggestiv, so vereinnahmend, so raffiniert sind die Teile, dass sie uns eine Amnesie verpassen können, wer wir auch noch sind und wie wir auch noch da sein können.

Die Widerstände gegen den Schmerz anzuerkennen, durch den Schmerz zu gehen, ohne sich dagegen zu identifizieren und in dieser Weise unter den Schmerz zu gelangen, ist eine Möglichkeit, dieses Sich-Öffnen zu beschreiben. Eine andere ist, sich dem Unvollkommenheitsgefühl hinzugeben. Immer ist etwas unvollkommen. Dies zuzulassen, ja gerade diesem Gefühl des Unvollkommenen nachzuspüren, es geradezu zu suchen, beschreibt ebenso den Prozess des Sich-Öffnens.

Kapitel 14:
Das Unvollkommenheitsgefühl

Ist es nicht so, dass immer irgendetwas nicht stimmt? Mal weniger, mal mehr, aber bohrt nicht immer etwas in uns herum und sagt, dies musst du in Ordnung bringen, jene Termine musst du schaffen, das und das musst du regeln – dieser Teil in uns, der die Perfektion anstrebt, der möchte, dass alles rund läuft und keine Ruhe gibt, immer hinweist, hier noch, da noch, und da hinten auch noch. Es ist diese tiefe innere Unruhe, dass es noch etwas gibt, das nicht stimmt, und dass immer noch Arbeit vor uns liegt. Diesen Teil gilt es einzufangen und aus der unbewussten Identifizierung mit ihm auszusteigen. Und zwar indem wir uns ihm direkt zuwenden, statt ihn im Untergrund schwelen zu lassen. Dieser Teil ersehnt ein Paradies, er unterhält die Heilsfantasie, dass es einmal eine Zeit geben wird, wo alles mit uns okay ist, wo wir völlig heil sind, wo wir unser Leben genießen, ohne dass wir noch etwas leisten müssen – und nie wieder ein Nadelöhr mit seiner Enge auftaucht.

Wenn wir diesen kindlichen Teil mit seiner Sehnsucht, dass alles gut wird, nicht anerkennen und erlauben, dann vergleichen wir unbewusst unser Leben mit diesem Idealzustand, und bei diesem Vergleich schneidet unser Leben nicht gut ab. Wir denken immer wieder an die Dinge, die nicht stimmen und sehen nur noch sie. Wir sehen immer die ganze Arbeit, die noch vor uns liegt, bis endlich alles heil und perfekt ist.

Die Trance, heil sein zu wollen

Besser, genussvoller als heil werden zu wollen, ist es hingegen, nicht mehr heil sein zu wollen und anzuerkennen, dass etwas in uns nicht und nie mehr repariert werden kann. Nie mehr und niemals heil sein kann. Das ist der Ausstieg aus der unbewussten Identifizierung mit der kindlichen Heilsfantasie.

Wenn wir nicht mehr ganz und heil sein wollen, können wir uns ganz unserer Unvollkommenheit hingeben. Dann, es geht gar nicht anders, kommt der Humor ins Spiel. Wenn wir sehen und spüren, dass wir immer unvollkommen sind, und dass diese Unvollkommenheit nie aufhören wird, kommt das große Lachen – das Lachen darüber, wie ernst wir uns nehmen und welches Drama wir aufführen: „Oh, mir geht es nicht gut, oh, seht, was mir gerade passiert, Hilfe, das ist zu viel für mich, seht, welches Schicksal ich tragen muss, was alles nicht okay ist, mit mir, meinem Leben und meiner Beziehung!"

Diese Nummer, in Ordnung zu kommen und heil sein zu müssen, ist eine Trance, ein Wahnzustand, eine kollektiv halluzinierte Hölle. Sich selbst und sein Leben immer zu einem Objekt zu machen, an dem herumgedoktert wird, um es zu verbessern und perfekt zu machen, das ist ein Wahnsinn, der so kollektiv betrieben wird, dass er selbstverständlich erscheint. Dies ist die Konditionierung schlechthin: heilsein zu wollen und sich zu einem optimierbaren Objekt zu machen. Kennzeichen dieser Konditionierung, dieses Wahnzustands des sich ständig Verbessern- und in Ordnung bringen Müssens ist Druck. „Hilfe, helft mir, ich stehe unter Druck, ich laufe Gefahr, es nicht zu schaffen, mein Gott. Wenn jetzt nicht schnell was passiert, dann ist alles zu spät, dann geschieht doch noch das Schlimmste!"

Das Leben verpassen

Das Schlimmste ist aber bereits passiert: Das Leben wird verpasst und immer wieder neu verpasst. Sich zu einem Objekt zu machen, heißt, sich zu einem toten Ding zu machen. „Dies da bin ich, das da ist mein Leben und jenes dort ist meine Beziehung. Dies da, ich, das müsste so sein, das da, mein Leben, das müsste so und so sein, und jenes dort, meine Beziehung, die müsste das und das erfüllen. Mh, oh Gott, da stimmt ja gar nichts. Wie kriege ich das nur alles in Ordnung? Ich muss ganz neu anfangen, alles muss sich ändern!" So kommen wir drauf, mehr oder weniger unbewusst, weil wir unser Leben verpassen und weil uns dämmert, dass wir unser Leben immer verpassen werden. Das alles leisten zu müssen, führt zu einer General-Abkündigung: Etwas in uns hat, mit Recht, keine Lust mehr, so weiterzumachen.

Wenn wir das Leben verpassen, herrscht immer Druck. Druck ist das unleugbare Zeichen, das wir gegen etwas, was in uns lebendig ist, anarbeiten. Nun werden manche sagen, ich stehe aber dauernd unter Druck. Dann arbeite ich also ständig gegen das Lebendige in mir an? Exakt! Je mehr Druck, desto toter sind wir. Und nur so, indem wir uns beständig abtöten und unter Druck stehen, können wir funktionieren. Funktionieren können, der Irrglaube, funktionieren zu müssen, ist der Abgesang an das Leben, an das Kind in uns.

Die Leere ist die Fülle

Wenn wir diese Idee des Immer-Funktionieren Könnens und Müssens fallenlassen, kommt die Angst hervor, eine existenzielle Angst vor dem Untergang und Abgrund. Darunter liegt und lauert die Lücke, die große Leere. Vor der haben wir panische Angst. Unter unserem tiefsten Schmerz liegt die große Leere, und in unserer Angst oberhalb vom Schmerz halten wir sie für eine Bedrohung, der wir um jeden Preis entrinnen müssen. Diese hier von oben, aus Sicht unserer Wächter, bedrohliche Leere erscheint aber nur aus dieser Perspektive als ein Zustand des Mangels. In Wahrheit ist diese Leere die absolute Fülle.

Einst wussten wir das und waren mit ihr verbunden. Die Leere und das Sein war ein und dasselbe. Als wir Kind waren, als wir noch nicht traumatisiert und konditioniert waren, in dieser Zeit, wo wir noch gar nicht abspalten konnten und auch nicht wussten, dass so etwas überhaupt möglich ist, war diese Leere unser Zuhause. Wir hatten noch keine feste Identität entwickelt, die sich vor die Leere schiebt. Deswegen waren wir auch ganz da, und reagierten immer ganz, mit der Gesamtheit unseres Körpers, seiner Empfindungen und Gefühle. Wir waren eins mit der Situation und mit dem energetischem Spürgefühl, wie diese Situation sich gerade anfühlt. Unser Gespür, was jetzt richtig ist, was gut tut, leitete uns. Als ein solches Kind haben wir spontan Störgefühle ausgedrückt, wenn etwas uns nicht gut tat und wichen nicht davon ab: Wir schmissen uns auf den Boden eines Kaufhauses und drückten direkt aus, wie unerträglich diese Situation für uns ist. Wir konnten dies nicht unterdrücken, weil wir sonst nichts hatten. Für uns gab es nur die Situation und wie sie sich insgesamt anfühlte. Nur durch Trauma und nachfolgender Abspaltung haben wir diesen Normalzustand verloren, sodass er uns heute wie ein Mysterium, wie ein verrückter, unerlaubter, unmöglicher Zustand erscheint.

Der Rückschluss, den wir in der Identifizierung mit unseren Wächtern unbewusst ziehen, dass nämlich diese unschuldige, identitätslose Verbundenheit mit der Leere die Ursache für die überwältigende Schmerzerfahrung gewesen sei, ist falsch. Die Idee, eine feste Identität über diese Leere zu setzen, diese fortan zu verteidigen, basiert auf diesen falschen Rückschluss und ist daher noch falscher. Nicht die Leere, nicht diese unschuldige, vorbehaltlose Geborgenheit im Sein war die Ursache für unser Trauma, sondern die Erfahrung des Alleingelassenwerdens im Schmerz.

Spirituelles Bypassing

Weil wir in unserem Schmerz allein gelassen worden sind, war es unerträglich und unmöglich, im Körper zu bleiben und ihn zu fühlen. Das Trauma und die Überlebensreaktion der Abspaltung geschah wegen der schockartigen Überlastung unseres Nervensystems mit überwältigenden Körpersensationen. Diese Energie konnte nicht verarbeitet und entladen werden, deswegen steckt sie immer noch in uns drinnen, und sobald wir mit der Leere in Kontakt kommen, wird diese Energie geweckt und das Schutzprogramm unseres Nervensystems *Dies darf nie wieder passieren!* springt an. Daher ist es uns als Traumatisierte, die die Energie des Traumas abspalten, nicht möglich, die Leere auszuhalten und uns in das Ungewisse fallen zu lassen.

Vielleicht können wir im Kämmerlein meditieren und die Leere kurzfristig erfahren. Stehen wir auf und öffnen die Tür, ist aber alles wieder genauso wie vorher, diese Erfahrung der Leere lässt sich nur im geschützten Kämmerlein nanosekundenhaft machen, etablieren lässt sie sich nicht. Uns Traumatisierten nützt daher die Meditation im Kämmerlein nicht viel bis gar nichts. Im Gegenteil, sie kann zu der Irr-Idee führen, dort in unserem Kämmerlein spiele sich das wahre Leben ab, und wir müssten nur immer mehr und nur noch dort sitzen und uns leer machen. Dies halte ich für eine Verweigerung, sich der Intensitätserfahrung des Energieanstiegs zu stellen, diesem Eintritt in das Nadelöhr. Es ist ein spirituelles Bypassing: Wir umgehen den Kontakt mit unserer Wunde und wollen uns stattdessen in der sphärischen Leere oben vor ihr retten. Diese Leere dort oben, ohne durch unseren

Körper gegangen zu sein, ist eine Scheinleere, eine Vermeidungsleere, eine Illusion. Natürlich ist sie viel populärer als die echte Leere, die sich eröffnet, wenn wir mitten durch unseren Schmerz gehen. Diese Scheinleere bedient hervorragend unsere Wächter in ihrem Auftrag, unserer Wunde zu entkommen und uns am Besten nie mehr um sie kümmern zu müssen. Wir erschaffen uns stattdessen eine spirituelle Identität, und diese, wie Parahamsa Yogananda meinte, sei die am Schwierigsten zu erkennende und loszulassende Identität.

Kapitel 15:
Kontakt mit der Lücke

Unsere Versuche, die Leere, die Lücke, dieses Loch tief in unserem Inneren, das uns zu verschlingen droht, zu füllen, führen dazu, dass wir es umso mehr spüren: uns von diesem Loch verfolgt und gejagt fühlen und nicht davon kommen. Diesem Loch der Leere entfliehen zu wollen, erhöht unsere Qual; hingegen mit dem Loch Kontakt aufzunehmen, vermindert sie. Diese Leere zu spüren und uns in ihr zu verankern, führt zum Erlöschen der Qual.

Tag für Tag verbirgt sich hinter all unseren Problemen, Herausforderungen und Anstrengungen die Angst vor der Lücke. Deswegen fühlen wir uns die meiste Zeit unfrei. Das Gefühl der Lücke ist da, aber wir spüren sie nicht direkt, sondern wir fühlen sie als Unvollkommenheit. Dieses dauernde Unvollkommenheitsgefühl, dass immer irgendetwas nicht stimmt und gelöst werden muss, ist ein direkter Zugang zur Lücke. Kämpfen wir nicht gegen dieses Unvollkommenheitsgefühl, sondern erkennen wir es an und spüren dort hinein, dann nehmen wir Kontakt zur Lücke auf und erfahren die Freiheit, die dieser Kontakt mit sich bringt.

Verluste bringen dieses Unvollkommenheitsgefühl direkt in unser Bewusstsein. Etwas fehlt uns, die Lücke ist da, und unser Kampf gegen sie kommt ans Licht. Wie sehr wir uns gegen das Fühlen der Lücke wehren! Wie wenig wir dieses Nichts zulassen und aushalten können! Es droht uns zu vernichten. Und wie wir versuchen die Lücke zu verleugnen, uns abzulenken oder sie panisch irgendwie wieder zu stopfen. Hauptsache, wir merken sie nicht mehr. In dieser Panik, in diesem Wahn kreieren wir uns einen übermächtigen Feind, der aber in Wahrheit unser größter, bester und treuester Freund ist. Das erkennen wir in dem Moment, wo wir stoppen, uns umdrehen und ihn ansehen. Dann sehen und spüren wir das Nichts. In diesem Moment offenbart sich das Ungeheuer, vor dem wir flohen und das wir mit allen Mitteln bekämpften, als der große Erlöser.

Die Lücke heilt

Nach Hause zu kommen, jede Agenda fallen zu lassen und uns auf einen Sessel zu setzen und zu schauen, was passiert, wenn wir einfach anhalten, bringt alles hervor. Dann droht die Lücke, und alles, was sich in uns gegen sie wehrt, kommt hoch. Allein die Bereitschaft, das zu tun, nimmt dem Feind die Zähne. Das meine ich damit, die Lücke absichtlich zu suchen. Mit dieser Lücke in Kontakt zu gehen, ihr Freundschaft anzubieten, nimmt den ganzen Druck des Getriebenseins weg. Wir gewinnen einen

Freund, der immer für uns da ist. In jedem Moment ist er zu spüren, in unserem Unvollkommenheitsgefühl, in unserem Verlustgefühl, in unserer Angst. Immer ist er dahinter und darunter und bietet sich uns an.

Dabei meine ich nicht, sich hinzusetzen und zu meditieren, Yoga zu machen, Focusing zu machen oder sonstwie irgendeine Art von Übung auszuführen, ja überhaupt irgendeine Art von Idee zu verfolgen. Das alles sind Vorhaben, das sind Sicherheitsnetze, die den direkten Kontakt mit der Leere verhindern. Denn dahinter steckt ein Plan, eine Idee, etwas Festes. Es bleibt noch etwas von uns Gewolltes übrig, ein *etwas tun, um zu* ... – und das eben ist nicht die Lücke.

Der Kontakt mit der Lücke, der Leere, dem Nichts, heilt, und zwar direkt und vollständig. Ist der volle Kontakt zur Lücke da, ist das Leid aufgelöst und die Freude bricht hervor – eine Freude, die gespeist wird aus der Erleichterung, so frei zu sein. Das ist nur so, wenn der direkte Kontakt zur Lücke besteht, wenn wir sie direkt im Körper spüren. Nur dieser direkte Kontakt mit der Lücke verschafft die Linderung, nicht aber das Darüber-Nachdenken oder nur so zu tun, als hätten wir den Kontakt. Entweder haben wir Kontakt zur Lücke oder nicht. Haben wir ihn, sind wir befreit vom Denken, Suchen und Kämpfen. Wir sind dann offen und wissen uns nicht, und wir wollen uns auch gar nicht wissen. Sich nicht zu wissen und sich nicht wissen zu wollen, ist Hingabe an das Nichts. Wir geben uns selbst dem Unwissen, dem Ungewussten hin. Dies zu tun, bedeutet, uns nicht mehr verantworten zu müssen, nicht mehr die Last der Verantwortung tragen zu müssen. Anstatt zu denken, spüren wir; anstatt zu analysieren, geben wir uns hin. Das sind Worte, das kann man verstehen und dem zustimmen, ohne jemals in den Kontakt mit der Lücke zu gehen. Es bleibt solange ein sinnloses Konzept, bis wir beginnen, wirklich in den sinnesspezifisch erfahrbaren Kontakt mit der Lücke hineinzugehen und *das unentdeckte Land* zu betreten.

Die Lücke, diese Leere, dieses Meer da unten, ist eng verbunden mit Schmerz. Der Schmerz ist der Zugang zu diesem Meer, sofern wir dem Fühlen dieses Schmerzes nicht ausweichen. Ein Fühlen des Schmerzes, ohne mit etwas identifiziert zu sein, was sich gegen ihn wehrt, führt zu einer Öffnung nach unten. Lassen wir den Schmerz in uns zu, fühlen wir durch ihn hindurch und kämpfen nicht mehr gegen ihn an, öffnet er uns nach unten, und dieses Geöffnetsein nach unten entlastet uns total. Daher benötigen wir den Schmerz, er ist der Türöffner nach unten, er ist es, der uns von unserer illusionären und leidschaffenden Suche befreit.

Den Schmerz achten

Deswegen gilt es, diesen Schmerz zu finden, ihn regelrecht zu suchen, ihm immer wieder nachzuspüren, bis ein dauerhafter Kontakt hergestellt ist. Dies ist genau das Gegenteil von dem, was wir gelernt haben und was die meisten anderen Menschen tun. Die Vermeidung des Schmerzes, die Identifizierung damit, ihn weghaben zu wollen, ist die Ursache für unsere Qualen – anstatt ihn zu achten, zu ehren, ihn anzubeten und sich ganz auf ihn auszurichten. Das zu tun, dreht die Dinge um. Alles dreht sich einmal um, und was vorher so kompliziert erschien, unser Leben, unsere Selbstfindung, unsere ganzen Probleme, das alles beginnt, sich zu erübrigen. Es ist nicht mehr so wichtig, es fällt von uns ab. Die Illusion, der wir aufsaßen, offenbart sich. Die Illusion ist die, dass wir unseren Schmerz entfliehen könnten, jemals; wer das versucht, reibt sich in einer sinnlosen Bemühung auf. Schmerzfrei sein, ganz sein, heil sein, das sind Illusionen, solange wir den Kontakt, den direkten Kontakt mit dem Schmerz, hier und jetzt, vermeiden. Es sind alles Strategien der Kontaktvermeidung. Direkt in den Kontakt zu gehen, heißt, jetzt den Schmerz im Körper zu fühlen, ihn da sein zu lassen, ihn zu uns gehören zu lassen, ohne ein Drama daraus zu machen, dass er da ist. In dieser Weise halten wir den Kontakt zu der großen Leere und erfahren, wie sie uns trägt.

Das große Lachen

In meiner Seminararbeit halte ich den Kontakt zur Leere und öffne mich jedem Energieanstieg, und wenn ich ein Nadelöhr erspüre, gehe ich sofort hinein. Das ist jedenfalls meine Ausrichtung, und es ist eine erworbene Qualität. Früher floh ich hingegen jedes Nadelöhr und wich Konflikten aus. Es gab eine Zeit, in der ich nicht Nein sagen konnte. Nein zu sagen, war mir verboten, und es war mir nicht möglich, den Energieanstieg, den ein Hineingehen in ein Konflikt immer mit sich bringt, auszuhalten. Daher konnte ich früher meine Grenze nicht fühlen, sondern musste sie beständig konstruieren, und verpasste es natürlich, sie in Echtzeit wahrzunehmen und sie zu ziehen – was immer den Verlust der Würde nach sich zieht und sinnlose neurotische Nacharbeit erzwingt.

Zwischen diesem damaligen Zustand des Vollneurotikers zu heute, wo ich der bin, der meist als Erstes den Konflikt anspricht und aufdeckt und damit seinen Lebensunterhalt verdient, liegt eine lange, leidvolle und mühsame Zeit der unerbittlichen Selbsterforschung. Mit den Früchten dieser Arbeit, so ziemlich alles durchlaufen zu haben, was falsch und verbogen ist – sich aus diesem ganzen Mist Schritt für Schritt herausgearbeitet zu haben, sitze ich vor meinen Teilnehmern und betreibe mit ihnen Radikale Erlaubnis, um ihnen in viel schnellerer Zeit das, was ich in der Arbeit von Jahrzehnten erreicht habe, zu ermöglichen: den Zugang zum identitätslosen Raum und der Freiheit, die dieser mit sich bringt.

Da ist nichts

Ich halte den Kontakt zum Nichts, und aus diesem Kontakt konfrontiere ich alles, was wahrnehmbar wird, als ein Etwas, als eine Identität, die wahrgenommen werden kann. Dabei ist es typisch, dass bei einem Teilnehmer, kaum hat er eine Identität wahrgenommen (und insofern losgelassen) und den Zugang zum identitätslosen Raum gewonnen, die nächste Identität in die Leere springt und sie verdeckt. Durch dieses beständige Erlauben von bislang noch nicht gehörten und wahrgenommenen Identitäten kommt irgendwann der Punkt, wo keine Identität mehr den Platz der Leere (des Selbst) einnimmt und der volle Kontakt mit der Leere entsteht.

Sabine: Ja, ja, ich sehe, wie das da oben alles ausweicht …, da ist dies mit meinem Job, da ist das mit meinen Kindern und meinem Mann …, und dann ist hier wieder der Schmerz (weint) …, hm, der Schmerz löst alles auf (weint) …, und dann ist da nichts mehr, was übrig bleibt …, was für eine Tonlosigkeit …
Ich: Mh, ja …, wie tonlos es ist …

Sabine: Ich geh wieder hinein ...

Ich: Ja, mach das, geh wieder ganz hinein ...

Sabine: ... oh, das tut weh, ... da ist ja gar nichts mehr, nichts, nichts, nichts ...

Ich: Mh, ja, und ganz in dieses nichts, nichts, nichts ... hinein ... Nimm mich ganz ...

Sabine: (weint) ...

Ich: Ja ...

Sabine: (atmet tief auf)

Ich: Ja ...

Sabine: (lacht)

Ich: (muss auch lachen) Was gibt's?

Sabine: Nichts! Nichts gibt's! (kriegt einen Lachanfall)

Ich: (lache) Genau, da is' nix, und da war nix!

Sabine: (krümmt sich vor Lachen, stottert dabei die Worte heraus) ... und das ..., das ist alles?

Ich: (kriege selbst einen Lachanfall) ... ja, das ist schon alles!

So eine Erfahrung mit einem Teilnehmer machen zu dürfen, ist ein großes Geschenk für mich. Es geschieht nicht oft, dass jemand in den direkten Kontakt mit seinem Schmerz geht, sich vom Schmerz voll treffen lässt, sich in ihm auflöst, präsent bleibt und das nur noch bezeugt; ohne Widerstand freiwillig nur noch Schmerz ist, in ihn hinein- und hinausgeht, und damit zu spielen anfängt.

Wenn das jemand tut, dann ist er – für diesen Moment – durch das Nadelöhr seines Traumas hindurchgegangen.

Sich der Verlassenheitswunde zu stellen, sie bewusst wiederzuerfahren und die Gefühle zu halten und voll bewusst zu durchwandern – ist die zentrale Arbeit, um uns mit uns selbst auszusöhnen. Kein anderes Unterfangen ist wichtiger, kein anderes bringt uns so zu uns selbst wie dieses. Hingegen ist alles andere, wenn diese Arbeit, diese Tat, uns unserer Verlassenheitswunde zu stellen, nicht geleistet worden ist, nur Kompensation, und hinterlässt jenen quälenden Mangel, jenes Gefühl, dass wir uns selbst verfehlen und unser Dasein letztlich immer mühsam, anstrengend und im tiefsten Grunde unbefriedigend bleiben wird.

Tatsächlich, solange wir uns dem dunklen Kapitel unserer Verlassenheit nicht stellen, kämpfen wir gegen Windmühlen. Anstatt unser Leben darauf aufzubauen, Schmerz zu vermeiden, lade ich hier dazu ein, diesen Schmerz zu suchen, sogar ihn zu provozieren, ihn *absichtlich* herbeizuführen.

Dem Drachen begegnen

Metaphorisch gesprochen, wir haben einen Drachen in uns, der fürchterlich erscheint. Solange wir uns ihm nicht stellen, beherrscht er uns, ohne dass wir es wissen. Wir sind ständig vor ihm auf der Flucht. Den Schatz, den er bewacht, können wir weder erkennen noch finden. Wir müssen in unsere Unterwelt / Kindheit hinabsteigen, dort liegt er. Wir begegnen dem Drachen, unseren Wächtern, und dürfen nicht wegsehen. Wenn wir dem Drachen in die Augen sehen und nicht weichen, fällt er in sich zusammen und der Schatz kommt in Form unseres Schmerzes in Sicht. Um ihn zu heben, müssen wir ihn anfassen, ihn berühren, ihn besitzen, dann verwandelt er sich und beschenkt uns mit allem, was wir uns je wünschten.

Haben wir diesen Schatz einmal gehoben und von der Fülle, die er mit sich bringt, gekostet, mögen wir zwar wieder in den Mangel zurückfallen, aber damit begnügen können wir uns nicht mehr. Den Schlüssel, um die Schatztruhe wieder zu öffnen, haben wir in der Hand, es ist das sinnesspezifische Körperempfinden, dieses exakte Hineinspüren in die Körperempfindungen. Egal, was geschieht, wir können in unseren Körper hinein und durch die Enge das Nadelöhrs hindurchspüren, so dringen wir wieder zu diesem Getragensein von unten vor. Wir gewöhnen uns daran, dass überall Nadelöhre auftauchen und lernen, dass es das Beste ist, sofort hindurchzugehen. Dieser Prozess wird uns, je öfter wir uns ihm hingeben, immer vertrauter, bis er selbstverständlich wird. Dann suchen wir unser Heil nicht mehr in Denkprozessen, nicht mehr in der Anstrengung und der Kompensation, sondern in der Hingabe an unseren Körper und dem, was in ihm lebendig wird und ist.

Kapitel 16:
Radikale Ehrlichkeit heilt

Die große Frage, vor der wir stehen, ist nicht die, wie wir frei werden, sondern die, wie wir das, was in uns unfrei ist, erlösen. Anstatt leer oder still werden zu wollen, anstatt uns diese Stille aufzudrücken, kümmern wir uns um das in uns, was nicht still ist, und was nur deshalb nicht still ist, weil es noch nicht erkannt, nicht gehört und ausgedrückt worden ist. Die Stille kommt dann ganz von selbst, sie muss nicht erarbeitet oder angestrebt werden. Und diese Stille ist kein karges Nichts der Entsagung, wo nichts mehr passiert, sondern eine Stille, die das Lebendige, das Vitale, das Kindliche umhüllt und den Genuss mit sich bringt, sich genau zu dem voll und ganz zu bekennen, was gerade in uns wirklich geschieht. Heraus dabei kommt keine Konfliktfreiheit, im Gegenteil, erst jetzt kommen unsere Konflikte vital hervor. Wir fühlen etwas in uns, dass sich wie Eifersucht anfühlt, wir fühlen etwas, das sich gekränkt fühlt, und anstatt wie früher, damit zu ringen und es in Ordnung zu bringen, können wir einfach offen fühlen, was wir fühlen – und aus diesem Kontakt heraus kommunizieren, anstatt unser Erleben zu konstruieren.

Wagnisse eingehen

Haben wir den Kontakt zu unserer Verlassenheitswunde hergestellt, heißt das nicht, dass wir ihn nie wieder verlieren. Wir verlieren ihn, aber wir merken es, wie etwas in uns ausweicht, und können uns wieder einfangen. Anders als in der Identifizierung mit unseren Wächtern, wo wir keinen Kontakt zu unserem verlassenen inneren Kind hatten und unsere gesamte Energie in die Kompensation und Abwehr unserer Verlassenheitsgefühle floss, haben wir nun Zugriff auf alle Teile unserer Persönlichkeit. Dadurch wird diese gebundene Energie frei. Aber was machen wir nun mit ihr?

Wenn wir versuchen, diese frei gewordene Energie erneut zu unterdrücken, weil wir zum Beispiel glauben, funktionieren zu müssen oder Konsequenzen fürchten, wenn wir unsere Störgefühle äußern, dann leiden wir mehr als früher. Früher, in der Identifizierung mit unseren Wächtern, konnten wir mit uns machen, was wir wollten, ohne davon etwas mitzubekommen, wie sehr etwas in uns übergangen wird. Das können wir nun nicht mehr machen, ohne massiv zu leiden. Sich in der Scham und in die Angst zurückzuziehen und auf einen Retter zu warten, funktioniert nicht mehr. Jetzt müssen wir uns der in uns freiwerdenden Energie stellen und sie zum Ausdruck bringen, wir müssen Farbe bekennen, wir müssen in den Konflikt hineingehen und Bekenntnis ablegen, wir müssen Wagnisse eingehen, sonst leiden wir. Kennzeichen eines Wagnisses ist immer, dass Angst dabei ist.

Empfinden wir keine Angst, haben wir nicht das Gefühl, auf brüchigem Eis zu wandeln, wo die Gefahr besteht, einzubrechen, dann ist es kein Wagnis. Den Nanga Parbat zu besteigen und dabei seine Angst zu verleugnen, sie nicht zu fühlen, nicht in Kontakt mit ihr zu gehen – ist kein Wagnis. Es mag eine spektakuläre Aktion sein, eine Riesenleistung, aber nur von außen. Man kann es so erscheinen lassen, als sei man mutig, weil man so etwas tut, in Wahrheit ist man feige und spielt nur die Rolle eines Mutigen. Wer Mut hat, der spürt seine Angst und Unsicherheit, der ringt mit sich, und mitten in diesem Ringen wagt er dennoch den Schritt. Mutige Schritte sind immer umrungen. In die Gefahr des Scheiterns hineinzugehen, das ist Mut. Es ist keine Schande, zu riskieren und zu scheitern. Schande – dieser Verlust unserer Würde – entsteht, wenn wir aus Angst vor dem Scheitern nichts mehr riskieren.

Bekenntnis abzulegen, ist mutig. Wenn wir uns bekennen, wenn wir ausdrücken, was wirklich in uns geschieht, dann steigt unsere Lebensenergie an, und wir befreien und entlasten uns. Bekenntnis abzulegen, heilt unsere Neurose. Bekenntnis abzulegen, heißt aus der Scham herauszutreten anstatt ihr zu erliegen. Wenn wir das tun, dann wird unser Leben intensiver, vitaler, aber nicht leichter. Die Konflikte, die vorher verdeckt in uns abliefen und die wir als neurotische Last in uns herumtrugen, während wir an der Oberfläche den souveränen Erwachsenen spielten, kommen nun überall ans Licht. Wie bereits angedeutet, können wir nicht mehr zu unseren Eltern gehen und die Rolle des angepassten Kindes spielen, ohne dafür depressiv zu werden. Dort, bei unseren Eltern, müssen wir für uns einstehen, dort müssen wir vor allem uns selbst zunächst einmal eingestehen, wie es uns wirklich geht, wie es sich wirklich im Körper anfühlt, mit ihnen zu sein. Hierbei geht es nicht darum, Streit und Zerwürfnis zu erzeugen, hingegen aber auch nicht, dies zu vermeiden. Diese Verantwortung steht uns gar nicht zu. Wir müssen sie nicht retten, aber uns ihnen zumuten, das müssen wir. Auch unseren eigenen Kindern müssen wir uns zumuten, ihnen offenbaren, was wirklich in uns geschieht, ohne sie zu belasten. Bekenntnis abzulegen, hilft allen, weil es die gebundene Energie befreit und auch alle anderen einlädt, Energie zu befreien. Nur Menschen im Wächter fühlen sich durch Bekenntnisse belastet und antworten mit den Ausweichmanövern Neurose und Verstrickung darauf.

In dem Augenblick, wo wir für uns einstehen, wo wir in die Situation hineingehen und Farbe bekennen, wo wir also radikal ehrlich sind, entsteht Heilung. Radikale Ehrlichkeit mag zahlreiche Konflikte ans Licht bringen, aber erzeugt Heilung. Das hat allerdings nichts damit zu tun, einfach seine Wut ohne Rücksicht auf Verluste rauszuknallen. Das wäre eine Verwechselung mit Gewalt. Manche meinen, sie sind toll, weil sie richtig wütend und aggressiv werden können. Andere halten sich für ohnmächtig, weil sie Wut nicht fühlen und ausdrücken können. Beide irren. Blind wütend zu werden und um sich zu schlagen, bringt genauso wenig, wie eiskalt Aggression zu unterdrücken und andere auflaufen zu lassen. Stattdessen geht es um Präsenz: Es geht darum, da zu sein und da zu bleiben, wenn Wut hochkommt, mit ihr in den Kontakt zu gehen, sie im Körper direkt zu fühlen. Dann *haben* wir unsere Wut, aber wir *sind* sie nicht. Wir sind *mit* unserer Wut. Dann äußern wir sie, ohne jemanden zu bedrohen. Wir können sagen: *Ich merke gerade, dass ich richtig wütend werde.* Das ist das Wesen eines Bekenntnisses: Während wir es ablegen, sind wir da, hier und jetzt, in unserem Körper drinnen. Wenn unser Kind den ganzen Tag die Sachen rumliegen läßt, wenn wir bemerken, dass wir schon den ganzen Tag den Dienstboten spielen und unser Kind autoritär maßregeln, ohne dass es etwas bringt, dann können wir aus dieser Nummer heraustreten, wenn wir zu unserem Kind gehen und Bekenntnis ablegen. „Ich bin gerade richtig wütend und gereizt! Mir wird das zu viel hier. Ich merke, wie mein Herz rast und ich im Stress bin, mir geht es gerade richtig schlecht!" Dann fühlt sich unser Kind nicht gemaßregelt und kritisiert, sondern ist berührt. „Papa, was kann ich tun, damit es dir besser geht?" Hier geht es jedoch nicht um eine Taktik oder „Erziehungsmethode", nicht darum, das Kind zu etwas zu manipulieren, sondern auszusprechen, was wirklich jetzt da ist. Was wirklich echt ist.

Ein Bekenntnis ist niemals taktisch, sonst ist es kein Bekenntnis, sondern nur eine weitere Manipulation. Ein Bekenntnis entsteht spontan, entsteht aus dem Kontakt mit dem, was in uns lebendig ist, und formt sich ins noch nicht Ausgesprochene, Ungekannte, es formt sich in etwas hinein, dessen Ausgang ungewiss ist. Ein Bekenntnis schließt nicht den energetischen Raum, sondern eröffnet ihn.

Kapitel 17:
Sich dem Dunklen stellen

An den dunkelsten Orten unserer Psyche lagert die meiste Energie.

Wenn wir da nicht hinkommen, uns ganz unserer Lust hinzugeben, zu erforschen und zu bekennen, was uns wirklich *geil* macht, dann betreiben wir schlichtweg (spirituelles) Bypassing.

Der Sex

Ich erinnere mich an eine Geschichte, die ich bei Carl Gustav Jung gelesen habe, und erzähle sie auf meine Weise: Während seiner Indien-Tibet-Reise sucht Jung ein buddhistisches Kloster auf und wird von einem hohen Abt durch die Anlage geführt. Schließlich möchte Jung den heiligen Buddha-Raum sehen, in den nur die schon Erleuchteten hineindürfen. Sie kommen in eine große Halle, deren Wände gespickt sind mit den denkbar pornografischsten Darstellungen. Jung ist erstaunt. Doch der Abt sagt trocken: Dort hinten ist die Heilige Kammer, da darf nur reingehen, wer alles durch hat und von nichts mehr versucht wird. Kommt aber kaum einer hin. Die meisten entdecken irgendetwas an den Wänden, was sie noch zu erledigen haben.

Wilhelm Reich gelangte zu ähnlichen Ergebnissen. Er behauptete, der total erfahrene Orgasmus befreie von jeder Neurose und mache Unterdrückung überflüssig. Im Gegenzug, der Neurotiker sei eben gerade nicht in der Lage, seinen Körper so loszulassen, dass er den Orgasmus total erfahre, sondern nur partiell. Der Neurotiker kann aus Angst die Kontrolle nicht unterlassen. Der schwer Traumatisierte hat noch viel größere Probleme, sich fallen zu lassen. Für ihn ist die Erfahrung, sich vom Orgasmus treffen und für einen Moment auslöschen zu lassen, ein Grauen. Denn dies kann man nur tun, wenn man bereit ist, den totalen Energieanstieg zuzulassen und ins Nichts zu fallen. Wie wir bereits gesehen haben, können die Wächter dies nicht zulassen und werden es immer verhindern, weil sie glauben, das Nichts habe das Schlimmste verursacht, was je passieren konnte. Wie dargestellt, schieben sie sich also immer vor das Nichts. In der Identifizierung mit unseren Wächtern können wir auf die Idee kommen, die Sexualität zu verdrängen oder ganz abzuschenken. Tatsächlich halte ich die Sexualität für eines unserer wichtigsten Erlebens- und Erforschungsgebiete, und wer diesen Bereich nicht mehr anrührt oder vermeidet, beschneidet sich gravierend in seiner Lebensenergie.

Vor einiger Zeit, als mein Sohn in die Pubertät kam, fragte er mich, wie man mit seiner Sexualität umgehen solle. Ich wurde sogleich hellwach. Ich wusste, dass das, was ich ihm nun sagen würde, entscheidend dafür sein könnte, ob er sich erlaubend oder beschämend zu seiner sexuellen Lust einstellen würde. Ich sagte ihm, dass die Hingabe an die Lust das Schönste und Größte sei, ein unglaubliches Geschenk, und dass er sie völlig frei erforschen könne; dass er alles ausprobieren könne, was er wolle, und genau nachspüren könne, wie sich alles für ihn anfühle und was richtig sei und was nicht. Das entspannte ihn. Er lachte, ließ das Thema fallen, und wir spielten weiter Frisbee.

Ich hätte mir gewünscht, eine solche Ermutigung als heranwachsender Junge bekommen zu haben. Meine Heranführung an die Sexualität fand allerdings gar nicht statt. Meine Mutter, die nur in der Scham versank, schwieg die Sexualität weg, mein Vater auf der anderen Seite der Skala, kompensierte seine Scham, indem er dauernd über Sex sprach, allerdings in der widerwärtigsten Weise. Kein Wunder, dass ich mit Anfang zwanzig, in meiner Sektenzeit, auf die Idee kam, das Gelübde abzulegen, nie wieder Sperma zu verlieren, sondern die sexuelle Energie in die oberen Chakren zu transformieren, um so schnell wie möglich erleuchtet zu werden. Das Gegenteil fand statt. Schloss ich abends die Augen, überfielen mich vampyrhafte Hexen, regelrechte

Succubi, die alles dafür taten, mir doch noch das Sperma zu rauben und meine Erleuchtung zu verhindern. Ich konterte mit Überkopfübungen aus dem Yoga, der Kerze und dem Kopfstand. Je mehr ich den Sex fliehen wollte, desto mehr jagte er mich. Doch die Erleuchtung kam nicht, und mir lief die Zeit davon, wie lange sollte ich das noch durchhalten? So kam der eine Tag, an dem ich die ganzen Verbote über Bord schmiss. Das ist nun fast dreißig Jahre her, die davon gekennzeichnet sind, mich meiner Scham zu stellen, mit ihr in Kontakt zu gehen, sie zu fühlen und aus ihrem Bann herauszutreten.

Die Scham

Scham zu fühlen, die Beschämung wahrzunehmen, sie anzuerkennen, sie zu erforschen und richtig anzufassen, das befreit uns aus der Scham. Übergehen können wir sie nicht. Wenn wir unsere Scham übergehen, lösen wir sie zwangsläufig in anderen Menschen aus. Erst wenn wir unsere Scham spüren, sie in Echtzeit in unserem Körper fühlen, wird es uns unmöglich, noch andere Menschen zu beschämen. Doch die Scham ist ein ausgesprochen unangenehmes Gefühl, gegen das unsere Wächter maximal in den Widerstand gehen. Folgen wir darin unseren Wächtern nicht, sondern spüren exakt im Körper, wie sie sich eigentlich anfühlt, dann nehmen wir einen feinen, aber scheinbar uns vernichtenden Schmerz war, etwa wie ein Chirurgenmesser, das uns filigran den Unterbauch durchschneidet. Oder als ein Brandeisen, das unser rohes Fleisch trifft und gnadenlos verbrennt. Das ist jedoch nur im ersten Moment so, wenn wir die Hürde, die uns unsere Wächter in den Weg stellen, überschreiten. Kaum, dass wir Kontakt mit dieser Empfindung aufgenommen haben, eröffnet sich genau in dieser zunächst unangenehmen Schmerzerfahrung die Freiheit: Wir lösen uns aus der Identifizierung mit unseren Wächtern und der weite Raum der Identitätslosigkeit geht auf. In diesem Moment ist die Scham kein Problem mehr, sie darf in uns sein und aufkommen, wir nehmen sie in uns wahr, fühlen sie exakt, und können sie (aus-)halten. Dadurch können wir exakte Grenzen setzen, wenn uns ein anderer beschämt oder abzuwerten versucht.

Die Sexualität ist ein Gebiet, in dem die meisten von uns am Brutalsten von Trauma und Beschämung getroffen worden sind. In dieses Gebiet behutsam einzutreten, ermöglicht es uns, unserer Scham zu begegnen, sie zu fühlen und anzufassen – das ist der Moment, wo wir automatisch aus dem Bann der Scham heraustreten: dieser Moment, wo wir sie zum Gegenstand unserer Wahrnehmung und unserer Erlaubnis machen.

Das Böse

Das andere Gebiet, das eng mit der Sexualität verwoben ist, ist das Böse. Damit meine ich die aggressiven Impulse in uns, die Lust erzeugen. Das in sich anzuerkennen, dass da etwas ist, das Lust am Schaden anderer empfindet, ist groß. Sich moralisch darüber zu erheben, so zu tun, als habe man so etwas nicht in sich, diesen blutleeren Gutmenschen vorzuschieben und in die Kirche oder zu einer anderen Sekte zu gehen, ist hingegen klein. Da hat man sich seinen Schatten noch nicht mal ansatzweise gestellt.

Giger

Vor Kurzem sah ich durch Zufall eine Dokumentation über HR Giger, jenem Schweizer Künstler, den ich bis dahin nur als den Alien-Erschaffer kannte. Die Dokumentation zeigte ihn in seinem dunklem Haus, in dem die alienartigen Bilder überall hingen, Totenschädel und Skelette in den Regalen lagen; vor dem Haus hatte Giger sich den Traum erfüllt, eine Geisterbahn zu bauen. Giger selbst wirkte brüchig, sehr alt, er bewegte sich langsam und das Sprechen schien ihn anzustrengen. Vielleicht hatte er einen Schlaganfall gehabt. Doch mit seiner Erscheinung hatte es etwas auf sich, sie berührte mich tief. Er schien so verwundbar zu sein. Und die Welten, die er in seinen Bilder und Skulpturen erschuf, waren so kalt und gerade in dieser kalten Bedrohlichkeit ästhetisch. Die Menschen, die Giger umgaben, verhielten sich ihm gegenüber ausgesprochen ehrerbietig. Stanislav Grof trat auf, den ich noch aus meiner Holotropen Atemzeit kannte, und sprach in den höchsten Tönen von Giger. Tätowierte Hardrocker kamen zu einer Autogrammstunde, und als sie vor Giger traten, hatten sie Tränen in den Augen und dankten ihm für das, was er für sie getan hatte. Was hatte er getan? Er hatte es sich, wie sein Galerist erzählte, in der Welt des Abgründigen, Bedrohlichen, Unheimlichen behaglich gemacht. Mich entspannte es, Giger zu sehen, seine Bilder und Skulpturen zu betrachten, etwas in mir beruhigte das. Da kam etwas Pures, Böses durch, aber dadurch erlöst, dass es am Licht war, dass es von ihm pur ins Licht geholt worden war. Von Giger ging die Erlaubnis aus, dass es okay ist, diesen tiefen Abgrund in sich zu haben. Und wenn das sein darf, wenn dieses Grauen, das in uns ist, gefühlt werden und leben darf, dann öffnet sich der Raum. Heraus dabei kommt nicht der gefährliche Mensch. Gefährlich ist ein Mensch, wenn er das Böse, den Abgrund in sich leugnet, denn dann bringt er das Grauen sowie das Beschämen anderer unbewusst hervor. Die Dokumentation endete mit einem schwarzen Bild und den Worten, dass Giger kurz nach dem Dreh gestorben sei. Ich habe weinen müssen. Ich glaube, er hat etwas ganz Großes geleistet: Das besteht darin, dass er sich seiner Verwundbarkeit und Angst – diesem Unbehagen, bedroht zu sein und nicht zu wissen wodurch – gestellt hat.

Dämonenarbeit

Wenn etwas in uns ist, dass wir nicht hören und ansehen wollen, dann wird es dämonisch. Es beherrscht uns, ohne dass wir es merken, es macht mit uns, was es will, es sabotiert unsere Unterfangen, weil es nicht dazugehören darf. Schließlich kann es soweit kommen, dass es uns umbringt. So ist das, wenn wir unsere Feinde – das, was wir nicht wahrhaben wollen, auch zu sein – in unserem Schatten belassen und uns ihnen nicht stellen.

In meinen Intensiv-Seminaren *Der Sex und das Böse* zeige ich gerne an einem Abend den Horrorfilm *Der Exorzist*. In diesem Film wird gezeigt, was passiert, wenn man gegen einen Dämon arbeitet und ihn nur weghaben will. Dieser Dämon verkörpert das Böse, und wird immer böser, je mehr man gegen ihn arbeitet. Kein einziger Mensch kommt in dem Film auf die Idee, nur einmal diesem Dämon zuzuhören oder ihm irgendeine Form von Daseinsberechtigung zu vermitteln. Was willst du?, könnte man ihn fragen. Er würde antworten:

- Töten! Ich will, dass alle und alles zugrunde geht.
- Gut! Das habe ich gehört. Und wenn du das erreicht
  hast, wenn du das darfst, wie würde es dir dann
  gehen …
- Dann …, Genugtuung …, Frieden, dann hätte ich
  endlich Frieden.

Im zehnten Jahrhundert ging die tibetische Nonne Machig Labdrön in der Nacht auf Friedhöfe und rief aus, dass alle Dämonen kommen dürfen und sich an ihr sättigen können. Das war ihre große Erkenntnis, dass die Dämonen nicht bekämpft und weggemacht werden müssen, sondern angesehen und gefüttert werden, solange gefüttert, bis sie endlich gesättigt sind. Diese Idee ist bahnbrechend und absolut erlösend, und was diese weise tibetische Frau damals tat, ist auch das, was uns befreit; was die Dämonen in uns, die Teile, die durch unsere Aussperrung dämonisch geworden sind, erlöst: Sie anzusehen und zu sättigen, bis sich das eigentliche, das dahinterstehende Bedürfnis, diese Sehnsucht, die sie in Wahrheit antreibt, offenbart.

Mit unseren dunkelsten Seiten söhnen wir uns aus, wenn wir die Sehnsucht, die dahintersteht, erkennen; eigentlich erkennen wir dann das Kind, das einmal in seinem puren Ausdruck von Lust zurückgewiesen und gedemütigt worden ist – und mit Recht böse geworden ist. Zuvor muss das Böse in seiner Boshaftigkeit allerdings angesehen werden.

Wenn wir wütend werden, aber, anstatt mit der Wut in Kontakt zu gehen und sie uns und anderen zu kommunizieren, schweigen und eiskalt lächeln, wenn wir andere Menschen, die darunter leiden und verzweifelt versuchen, Verbindung zu uns zu bekommen, auflaufen lassen, dann kann sich das erst ändern, wenn wir erkennen, dass es wirklich etwas in uns gibt, das Spaß daran hat, andere zu quälen – wenn wir anerkennen, dass sich etwas in uns daran weidet, wie sich die anderen vergeblich um uns bemühen und leiden. Ganz wie bei Patienten, die man gemeinhin Therapeuten-Killer nennt: Die einen Therapeuten nach den anderen in den Burn-out bringen, weil sie ja so gerne wollen, aber nichts helfe, so sehr sie es auch versuchen. Wenn man durch die Fassade hindurchschaute, dann sähe man Lust, ein Ergötzen daran, die anderen am Band zu halten und zu frustrieren. Sobald dies einmal am Licht ist, dass man wirklich Freude daran findet, anderen auf diese Weise zu schaden, hat man Kontakt zum Bösen in sich, und diese Anerkenntnis, *aha, stimmt, wie böse da etwas in mir ist,* führt aus der Verschmelzung mit diesem Teil heraus.

Ich habe das tibetische Chöd-Ritual der Dämonenfütterung studiert, und erkannt, dass darin der Geist der Radikalen Erlaubnis waltet: Das Dunkelste in uns anzuerkennen und zu erlauben, dass es in uns leben darf. Im Chöd-Ritual nennt man es, die Dämonen sättigen, womit eigentlich? Mit Aufmerksamkeit und Erlaubnis. Wenn ich mit Teilnehmern arbeite, geht es immer darum, dass etwas Ungehörtes ans Licht kommt, und dann gebe ich gerne das Wording, zu diesem Teil in sich zu sagen: *Nimm mich ganz. Nur du. Nimm meinen Körper und mache mit ihm, was du willst, und ich bin da.* Dann breitet sich der Teil in der Regel aus, und wir lassen ihn sich in unserem Körper entfalten. Dann tut er den nächsten Schritt. Anders als im Chöd-Ritual, wo man dem Dämon eine Reihe von Fragen stellt, ergibt sich in der Radikalen Erlaubnis dies alles von selbst, wenn wir einem Teil bedingungslose Aufmerksamkeit zukommen lassen: Es kommt alles von selbst hervor, wir brauchen keine Abfolge von Schritten, wie sie im Chöd-Ritual vorgesehen sind, oder wie sie etwa auch in den fünf Schritten bei der Gewaltfreien Kommunikation vorkommen. Dies ergibt sich alles von selbst: Von selbst kommt dieses tiefste Bedürfnis, worum es dem Teil eigentlich geht, ans Licht, gleichzeitig geschieht damit auch unsere Aussöhnung mit diesem Teil.

Wenn wir unsere Wächter und ihr Wirken und Zusammenspiel in uns erkannt haben, wenn wir unsere Scham in den Blick genommen und gefühlt haben und sie kein Feind mehr ist, sondern zu uns dazugehört, wenn in dieser Weise die großen Tabu-Zonen des Sex und des Bösen durchlässiger geworden sind und unsere Verletzbarkeit offenbar geworden ist und immer offenbarer wird, dann können wir den Kontakt zur Kante unserer Wahrnehmung etablieren – jener Zone, in der die eigentliche Veränderung geschieht. Dem Festen, Starren in uns, diesen etikettierten Scheingebilden und Konstrukten glauben wir dann nicht mehr oder nur vorübergehend, weil wir wissen und immer wieder erfahren, dass sich darunter, in unserer Tiefe, immer etwas Gutes, Kindliches verbirgt, das ans Licht kommen will.

Anhang

A. Anmerkungen zu den einzelnen Kapiteln

B. Übungen der Radikalen Erlaubnis

C. Weiterführendes Angebot

I: Ein Kurs in Radikaler Erlaubnis
II: Bücher
III: Seminarvideos
IV: Radikale Erlaubnis Demonstration
V: Eintauchen in das, was ist: TV-Interview

D. Literaturverzeichnis

A. Anmerkungen zu den einzelnen Kapiteln

Einleitung

Bullauge:
eine Metapher, die ich von Stephen Wolinsky
übernommen habe.

Focusing:
Diesen Prozess, mit dem Vagen in sich, mit dem, was man
noch nicht kennt und nicht recht in Worte bringen kann, sondern diese Worte erst suchen muss, diese Zeit also, die man
mit etwas Ungewusstem, aber in einem Daseienden verbringt,
hat Gene Gendlin das Focusing genannt und erforscht.

Eugen T. Gendlin:
(1926 in Wien geboren) Psychologe und Philosoph; er begrün-
dete die Focusing-Methode und lebt heute in New York.

Peter A. Levine:
(1942 geboren) Biophysiker und Psychologe; entwickelte die
Traumatherapie Somatic Experiencing und lebt in Kalifornien.

Die dunkle Nacht der Seele:
Titel eines Gedichts des spanischen Karmeliters, Kirchenleh-
rers und Mystikers Johannes vom Kreuz; Metapher für eine
Phase, in der das Herz bricht.

Meister Eckhart:
(1260 bis 1320) einflussreicher christlicher Mystiker in
Deutschland.

Spirituelles Bypassing:
Mit einem spirituellen Konzept oder Glauben der Ausein-
andersetzung mit der eigenen Verwundbarkeit ausweichen;
dieser Begriff stammt nicht von mir, ich habe ihn bei Robert
Augustus Masters entnommen; auch Stephen Wolinsky und
Abdi Assadi beschreiben dieses Phänomen.

Teil 1

„Um etwas loslassen zu können, ...
musst du zuvor erkennen, was es ist." Frei übersetzt aus: „In
order to let go of something, you must first know what it is."
Zitiert aus Büchern von Stephen Wolinsky.

Nisargadatta Maharaj
(1897 bis 1981), war ein Zigarettenverkäufer in Bombay, der
von vielen Indern als Erleuchteter und Meister
des Advaita-Vedanta angesehen wurde. Wolinsky war ein
Schüler von ihm.

Kapitel 1: Wächter-Energie

Gastgeber – Gast:
Die Metapher, einen Gast in uns zu haben, stammt von dem
persischen Sufi-Mystiker Rumi (1207 bis 1273).

Kapitel 7: Fetisch-Sex und die Erotisierung der Verlassenheitswunde

Iwan Pawlow:
(1849 bis 1936) russischer Mediziner, bekannt durch den Pawlowschen Reflex: bei einem Hund, der vor der Fütterung immer einen Glockenton hört, reicht schon bald allein der Glockenton aus, um Speichelfluss zu erzeugen.

„Shame":
2011, britischer Film von Steve McQueen, mit Michael Fassbender in der Rolle eines sexsüchtigen New Yorker Geschäftsmanns.

Kapitel 9: Die dunkle Nacht der Seele

Holotrope Atemarbeit:
Eine von Stanislav Grof entwickelte Methode der Transpersonalen Psychotherapie: Stundenlanges Hyperventilieren wird mit stark anregender Musik und Körperarbeit kombiniert, um Bereiche der Psyche zu erschließen, die normalerweise dem Bewusstsein nicht zugänglich sind.

Stanislav Grof:
(1931 geboren) tschechischer Psychiater, der die LSD-Psychotherapie erforschte, und nach dem Verbot psychedelischer Substanzen ersatzweise die Holotrope Atemarbeit entwickelte. Grof lebte heute in Kalifornien.

Kapitel 10: Todesangst

Systemische Strukturaufstellung:
von Matthias Varga von Kibéd mit seiner Frau Insa Sparrer
entwickelte Aufstellungsarbeit von Strukturen.

Familienstellen nach Hellinger:
Mitglieder eines Familiensystems werden durch Stellvertreter
im Raum aufgestellt und bilden die Dynamiken der Familie ab.

Bert Hellinger:
(1925 geboren) ehemaliger Priester und Psychoanalytiker, der
die Methode des Familienstellens entdeckte. Hellinger war
und ist wegen seiner Konzeption und seines Umgangs mit
Klienten stark umstritten.

Serotonin-Wiederaufnahmehemmer:
Antidepressiva, die die Serotonin-Konzentration in der
Gewebsflüssigkeit des Gehirns erhöhen.

Kapitel 11: Durchbruch durch das Nadelöhr

Gewaltfreie Kommunikation:
Eine von Marshall Rosenberg entwickelte Kommunikations-
methode, die die Empathie mit sich und dem Kommunika-
tionspartner an die erste Stelle setzt.

Marshall B. Rosenberg:
(1934 bis 2015) amerikanischer Psychologe und Gründer des
Nonviolent Communication-Centers.

Osho:

(1931 bis 1990) Umstrittener spiritueller Lehrer, der sich als erleuchtet bezeichnete, und zunächst unter den Namen Bhagwan Shree Rajneesh bekannt wurde. Er gründete einen Ashram in Poona und zog in den 1970er Jahren durch seine Kombination von Spiritualität mit freier Sexualität und Welt-offenheit Tausende von westlichen Suchern an. In den 1980er Jahren zog die Kommune nach Oregon in die USA, wo es zahlreiche Konflikte gab, die schließlich zur Verhaftung und Ausweisung Oshos führten. Die Kommune kehrte zurück nach Poona (heute Pune) in Indien. Osho starb 1990, im Alter von 58 Jahren. Seine Anhänger nennt man „Sannyasins".

Persönliche Anmerkung:

Ob es nun wirklich Osho war, der aus dem Jenseits gekom-men war, um mich zu unterstützen, oder ob es eine Halluzi-nation war, durch die sich meine Psyche zu heilen trachtete, ist eine Frage, die ich nicht beantworten kann. Ich selbst war nie ein Sannyasin noch hatte ich Kontakte zur Osho-Szene, ich hatte nur ein paar Bücher von ihm gelesen. Allerdings lief mir Jahre später ein Schauer über den Rücken, als ich durch Zufall erfuhr, dass meine erste „Begegnung" genau an seinem 20. Todestag, dem 19. Januar 2010, stattgefunden hatte.

Kapitel 12: Kein Wunder, dass ich so bin, wie ich bin

Ein Zelt aufbauen

Die Metapher, neben dem Gefühl ein Zelt aufzubauen und dort eine Weile zu lagern, habe ich von Ann Weiser Cornell übernommen.

Ann Weiser Cornell:
(geboren 1949) Amerikanische Focusing-Trainerin, die zusammen mit Barbara McGavin das Inner Relationship Focusing kreierte. Wir waren befreundet und hatten ein Jahr lang eine Focusing-Partnerschaft. Ich verdanke ihr viel.

Teil 3

„Immer verwundbarer zu werden ..."
Zitat aus: Meine Jugend hat spät begonnen, von Henry Miller.

Henry Miller:
(1891 bis 1980) deutschstämmiger, amerikanischer Autor; gilt als einer der Vorbereiter der sexuellen Revolution.

Kapitel 13: Hingabe an den Schmerz

Eckhart Tolle:
(1948 in Deutschland geboren) nach eigenen Angaben erfuhr er im Alter von 29 Jahren seine Erleuchtung, wurde in den USA zu einem spirituellen Superstar und tritt seitdem weltweit auf. Er lebt heute in Vancouver, Kanada.

Parahamsa Yogananda:
(1893 bis 1952) Indischer Yoga-Meister, der eine bestimmte Form des Yoga (Kriya-Yoga) im Westen bekannt machte.

Kapitel 14: Das Unvollkommenheitsgefühl

„Der Rückschluss, ...
diese unschuldige, identitätslose Verbundenheit mit der Leere
die Ursache für die überwältigende Schmerzerfahrung gewesen sei, ist falsch."
Diese Idee vertritt auch Stephen Wolinsky in seinem
False Core – False Self Konzept.

Kapitel 17: Sich dem Dunklen stellen

C.G. Jung:
(1875 bis 1961) Schweizer Psychiater, früherer Schüler Freuds,
dann Begründer der Analytischen Psychologie. Die angedeu-
tete Geschichte ist aus dem Buch: Erinnerungen, Träume,
Gedanken.

Wilhelm Reich
(1897 bis 1957) Psychoanalytiker, Schüler Freuds, später
Entwickler der Vegetotherapie, gilt als der Vater der körper-
orientierten Psychotherapie. Später wegen seiner Orgontherapie
stark umstritten.

HR Giger
(1940 bis 2014) Schweizer bildender Künstler, 1980 Oscar für
Beste visuelle Effekte für den Film „Alien" (1979, von Ridley
Scott). Bei der angesprochenen Dokumentation handelt es sich
um: „Dark Star", 2014, ein Film von Belinda Sallin.

„Der Exorzist"
(1973, Neufassung 2000) amerikanischer Horrorfilm von
William Friedkin, der weltweit Diskussionen auslöste.
Meiner Meinung nach ein Meisterwerk.

Chöd

Tibetisches Ritual; aufbauend auf der Chöd-Praxis von
Machig Labdrön entwickelte Tsültrim Allione das Konzept
des Fütterns der Dämonen, eine Technik, bei der man sich den
eigenen Schattenseiten stellt und diese nicht bekämpft, sondern das dahinter liegende Bedürfnis erkennt und stillt.

Machig Labdrön

(11. bis 12 Jahrhundert) berühmte Nonne in Tibet, die das
Chöd-Ritual verbreitet hat.

(Anmerkungen zum Teil entnommen oder ergänzt aus Wikipedia.)

B. Übungen der Radikalen Erlaubnis

(aus dem Radikale Erlaubnis inTrance-Kurs)

Das Spüren in den Körper

Das ist die Basis in der Radikalen Erlaubnis: sich in den Körper einzuspüren; die Gedanken, die kommen, wahrzunehmen und zu erlauben; die Aufmerksamkeit auf die Empfindungen im Körper zu lenken und sie als ein inneres Kind zu begleiten. Zeit mit etwas zu verbringen, was in einem ist, ohne daran etwas verändern zu wollen – wie Gene Gendlin, der Begründer des Focusing, es nennt. Diese Spürarbeit, wie ich sie hier vorstelle, lehnt sich eng an das Focusing an, es gibt allerdings Unterschiede: Sie bestehen darin, dass der erste Schritt, der Körperkontakt, vergleichsweise sehr ausführlich und intensiv durchgeführt wird, und dass der Felt Sense, diese vage Etwas, das ein Komplex aus Gefühlen, Körperempfindungen, Symbolen und Gedankenprozessen ist, als ein inneres Kind wahrgenommen wird. Außerdem legen die Wordings die Betonung auf ein aktives und explizites Erlauben dessen, was ist.

Körperkontakt:

Spüre einmal in deine Füße, ... wie deine Füße gerade da sind, womit sie gerade in Kontakt sind, und wie es sich dort anfühlt. Während alles andere genau so da sein darf, wie es jetzt gerade da ist. Die Füße sind kleine Kinder, die warten da, die wollen gefühlt, anerkannt und gehört werden.

In dieser erlaubenden Weise gehen wir die Beine hoch, spüren den Kontakt des Gesäßes mit der Unterlage, spüren, wie unser Becken eigentlich gerade da ist. Auch das Becken ist ein Kind. Wie es sich gerade fühlt, wie es ihm jetzt gerade geht. Dann spüren wir den Rücken hinauf, wie es sich dort gerade wirklich anfühlt. Und immer wieder: Es darf sein. Es darf jetzt alles so da sein, wie es ist. Sind Gedanken da, die dich ablenken, Gedanken, die dich scheinbar stören, dann kannst du sie mit einem Hallo begrüßen und sie wissen lassen, dass sie das dürfen: Sie dürfen dich ablenken, sie dürfen so da sein, wie sie da sind. Du bemerkst sie einfach, erkennst sie an und rufst ihnen ein Hallo zu.

Dann gehen wir durch die Schultern, durch die Arme und Hände, jeder einzelne Finger wird besucht ... Weiter oben spüren wir nun in den Nacken, wie der eigentlich gerade da ist. Und dann die Kopfhaut bis nach vorne, mit einem Ausflug zu den Ohren, zu diesem vielleicht kaum spürbaren Präsenzgefühl der Ohren. Nun spüren wir in dieser erlaubenden Weise durch das Gesicht, die Stirn, die Augenbrauen, die Augen ..., wie schwer die sich eigentlich gerade anfühlen ..., dann die Nase bis zur Nasenspitze; der Mund und dann all die kleinen Muskeln des Gesichts. Wie sich das Gesicht insgesamt anfühlt. Und dann gehen wir nach innen, ins Körperinnere, wir spüren zunächst ins Innere des Halses, schlucken einmal, und spüren exakt nach, wie es sich dort im Hals von innen her anfühlt. Dann tiefer hinunter in den Brustraum, und wie es sich dort von innen her anfühlt. Mag sein, dass es nur ein ganz vages Gefühl ist oder sich irgendwie gar nichts spüren lässt – das nur begrüßen, genauso, wie es da ist. Und nun noch tiefer gehen, in den Oberbauchbereich, in Höhe des Magens, wie es sich dort von innen her anfühlt; nun noch tiefer, in die Tiefe des Bauchraums.

Die Einladung

Nun, wo wir uns in dieser Weise in unserem ganzen Körper eingespürt haben, aus diesem Gegründetsein im Körper, im Kontakt mit unserem Bauch, können wir eine Einladung dort hinunterschicken, ganz so, als würde dort unten der Bauch ein Fremder sein, ein Gegenüber, das dort selbstständig lebt. Wir können es mit einem Du ansprechen:
Ich möchte dich einladen, mich spüren zu lassen, was gerade meine Aufmerksamkeit benötigt.
Diesen Satz schicken wir innerlich zu unserem Bauch hinunter, und nun warten wir, wie der Bauch, wie unser gesamter Körper darauf antwortet. Dazu geben wir ihm mindestens 30 Sekunden Zeit. In dieser Zeit tun wir nichts. Die Einladung ist, ähnlich wie ein Brief, abgeschickt, jetzt

warten wir. Weder feuern wir in dieser Zeit maschinen-gewehrartig diesen Satz immer wieder nach, noch sin-nieren wir darüber, was gerade in unserem Leben los ist und welche Antwort wohl kommen müsste. Wir bleiben einfach auf eine neugierige, ruhige Weise gespannt. Was geschieht jetzt wohl, was macht der Körper? Wie antwor-tet er? Das ist die gleiche Haltung, die wir einem Freund gegenüber einnehmen, den wir etwas gefragt haben und dem wir nun Zeit geben, eine Antwort zu finden. Wir geben unserem Freund da unten, unserem Bauch, min-destens 30 Sekunden Zeit oder länger. Das klingt kurz, kann uns aber, wenn wir im Spüren sind, wie eine kleine Ewigkeit vorkommen. Wenn die Antwort kommt, sind wir ganz da und empfänglich. Alles, was dieser Emp-fänglichkeit entgegensteht, zum Beispiel Gedanken dar-über, worum es eigentlich gehen müsste, sind Teile in uns, die wir nicht etwa wegdrücken, sondern begrüßen und erlauben. Auch Fragen oder Einwände begrüßen wir, anstatt gegen sie anzukämpfen: Ah, interessant, während ich auf die Antwort meines Körpers warte, bemerke ich eine Stimme in mir, die sagt: Heute geht es nicht, heute passiert sowieso nichts! Ja, dieser Gedanke ist gerade da. Wir lassen ihn da sein, aber wir identifizieren uns nicht mit ihm, sondern lenken unsere Aufmerksamkeit in unseren Körper. Wenn ein solcher Teil jedoch beharrlich bleibt und weiterhin unsere Aufmerksamkeit einfordert, ist er die Antwort: Es ist das, was unsere Aufmerksamkeit am Nötigsten braucht. Meist aber beruhigen sich die einwanderhebenden Anteile, sobald sie wahrgenommen und erlaubt worden sind. Gleichzeitig stärkt sich dadurch unsere Gastgeber – Position, in der gilt: Ich bin der Raum, in dem alles genauso da sein darf, wie es jetzt gerade da ist.

Die Empfindung anerkennen und begrüßen

Die Empfindung, die sich auf unsere Einladung hin als Antwort zeigt, muss zunächst nicht unbedingt im Bauch lokalisiert sein, sie kann überall im Körper auftauchen. Es kann sich um eine Anspannung in unseren Schultern handeln, die wir schon länger hatten, aber die jetzt verstärkt in unsere Wahrnehmung tritt. Oder die Antwort kommt zum Beispiel als ein leichtes Ziehen, hier unten im rechten Mittelbauch, oder ein Stechen im unteren Rücken.

Um mit dieser Empfindung eine Beziehung aufzubauen, erkennen wir zunächst einmal an, dass sie überhaupt da ist: Ah, ja, da ist etwas. Ich weiß nicht was, aber irgendetwas ist da wahrnehmbar in meinem rechten Bauch. Dann können wir einen ersten Kontakt mit der Empfindung herstellen, indem wir sie mit einem Hallo begrüßen und sie wissen lassen, dass wir sie wahrnehmen. Hallo, ich nehme dich wahr, ja, du bist da! Diesen Satz können wir zu dieser Empfindung schicken, und warten dann in der beschriebenen neugierig offenen Weise, wie die Empfindung darauf antwortet. Vielleicht antwortet die Empfindung nicht, vielleicht zieht sie sich zurück, vielleicht stellt sich eine andere Empfindung irgendwo im Körper ein. Vielleicht mischt sich eine Stimme dazwischen und verhindert jedes weitere Spüren, indem sie uns sagt: Das ist alles nicht echt, das ist künstlich von dir gemacht! Was immer aber kommt, wir begrüßen es, so, wie es kommt. Ah, interessant, da meldet sich jetzt etwas in mir, das sagt: Es ist alles künstlich! Ah ja, hallo, du bist da, ich nehme dich wahr. Bei diesem Anerkennen und Begrüßen und Es-wissen- lassen, dass es da ist, etablieren wir immer wieder die Gastgeber-Position: Hier sind wir mit unserer erlaubenden Aufmerksamkeit und dort ist ein Etwas, das wir wahrnehmen und anerkennen. Daher ist es egal, was als Antwort kommt, immer ist es ein Etwas, ein Kind in uns, das wir zum Gegenstand unserer Wahrnehmung machen können. Diesen Prozess kontrollieren wir nicht mehr, unser Körper führt jetzt, und wir folgen ihm mit Radikaler Erlaubnis.

Die Empfindung exakt beschreiben

Eine Empfindung können wir nur exakt beschreiben, wenn wir ganz nah mit unserer Aufmerksamkeit an sie herangehen und erforschen, wie sie sich genau jetzt anfühlt. Wir beschreiben uns die Empfindung sinnlich spezifisch, das heißt, wo sie in unserem Körper gerade wohnt und wie sie sich genau anfühlt: etwa ein Vibrieren, ein Druck, ein Ziehen, ein Stechen, eine Verkrampfung, eine Art Schmerz. Das Schlüsselwort ist exakt. Wie fühlt sich die Empfindung exakt an? Damit eröffnen wir den Raum, jede Nuance zu erspüren: Das Ziehen in meinem rechten Bauch hat sich leicht nach links verlagert! Ganz leicht, kaum wahrnehmbar, aber kurz ist sie nach links gegangen ... Gut, das war eben, aber wo ist sie jetzt? Ah, nein, jetzt ist sie wieder nach rechts zurückgerutscht, aha, ja, hallo du, ich habe mitbekommen, dass du dich eben nach rechts bewegt hast und dann wieder zurückgegangen bist. Ja, ich nehme dich wahr, ich bin bei dir.

Dieses subtile Spüren, dieses Begleiten und Bewusstmachen von Mikro-Bewegungen ist der entscheidende Schritt, die Beziehung mit unserem Etwas, diesem Kind in uns, sicherer zu machen. Je genauer, je erlaubender wir dabei bleiben, desto sicherer und tragfähiger wird die Beziehung zu unserem Etwas. Daher ist dieser innere Dialog so wichtig, in welchem wir uns beständig beschreiben, was wir wahrnehmen, und die uns dabei bewusst werdende Wahrnehmung diesem Etwas zurückmelden. Jedes Etwas ist ein kleines Kind, das gerne gehört und begleitet werden möchte.

Symbolbildung

Bei dieser Begleitung von einem Etwas tauchen Symbole auf, das kann gleich zu Anfang geschehen oder sich im Laufe des Beschreibungsprozesses einstellen. Typischerweise mischen sich Symbole in unsere Beschreibung mit den Worten hinein: Es fühlt sich an wie ... Ah, dieses Ziehen dort, das kommt mir wie ein Band vor, das sich von hier nach dort zieht, oder nein, kein Band, es ist eher metallisch ..., wie ein Stück Eisen oder Stahl ..., es ist fest und hart, unbrechbar, aber es hat auch Lücken, ah, es ist wie eine Art Netz, ja, jetzt habe ich es, es ist ein Netz aus Stahl! Mit der Erfassung des gerade am besten passenden Symbols kommt der tiefe Atem und ein Aha-Erlebnis: Ja, das ist es! Es gibt eine deutlich spürbare Veränderung im Körper, eine Erleichterung: Etwas in uns entspannt sich, löst sich. Diese Bewegung ist nicht gemacht, deshalb ist sie so erleichternd. Sie kommt von irgendwoher, sie ist ein Geschenk. Dabei haben wir nichts anderes gemacht, als die Empfindung genau zu beschreiben, bis wir zu einem Symbol gekommen sind. So ein Symbol ist immer überraschend, es ist frisch, und es ist einzigartig. Niemand hat jemals und wird jemals zu einem solchen Symbol finden und das Gefühl haben, es passt genau. Ein solches Symbol können wir auch nicht vorwegnehmen. Wir können uns annähern: wie ein Band, wie ein Stück Stahl; aber das Symbol, das dann genau passt, kommt als Überraschung: Ah, das ist es, ein Netz aus Stahl! Entscheidend ist hier, dass wir dieses Symbol erfahren. Es kommt zu uns, und mit ihm kommt diese Art von Gewissheit: Ja, das ist es! Das kann man nicht machen und nicht erzwingen. Wenn wir versuchen, unserer Empfindung vorschnell ein Symbol aufzudrücken, zieht sie sich zurück. Es ist dieses subtile und genaue Im-Kontakt-Sein mit einer Empfindung, die von selbst entsprechende Symbole hervorbringt.

Bilder und Filme

Auch Bilder, Szenen oder Erinnerungssequenzen sind in diesem Sinne Symbole, sie sind keine Störung, keine Ablenkung, sondern sie stellen den nächsten Schritt da, den unser Körper geht. Durch unser exaktes Begleiten und Hinspüren haben wir die Grundlage geschaffen, dass so eine Erinnerung nun aufsteigen kann. Sie hängt mit der Empfindung zusammen, aber wir wissen nicht, wie. Wiederum besteht unsere Aufgabe nicht darin, dieses Erleben zu interpretieren oder zu deuten, sondern dem, was sich zeigt, in einer erlaubenden Weise zu folgen.

Nun kann sich in einer Erinnerungssequenz das Kind in uns zeigen, das einmal ein schwerwiegendes Erlebnis bestehen musste. Genauso, wie wir eine körperliche Empfindung anerkennen, begrüßen und begleiten, verfahren wir mit diesem Kind, zum Beispiel: Hallo, ich nehme dich wahr, und bei mir ist angekommen, was du da erlebt hast. Ich spüre, wie gefährlich das für dich war. Wie groß deine Angst war, wie sehr du dich nach Hilfe gesehnt hast, und wie verzweifelt du warst ..., wie sehr du dich geschämt hast, du hast dich in diesem Augenblick geschämt, wirklich Angst gehabt zu haben! Und dann hast du so getan – hast so tun müssen! – als sei das alles ganz leicht gewesen … Und dann können wir vielleicht sehen, wie dieses Kind sich uns zuwendet, wie verletzt es ist. Und wir sagen innerlich: Hallo mein Schatz, ich bin da, ich bin bei dir. Vielleicht kommt es nun unsicher und ängstlich auf uns zu, liegt in unseren Armen, und wir halten es fest. Dabei kann es sein, dass Tränen aus unseren Augen rinnen. Das geschieht ganz ruhig und still, auch ein Schluchzen mag kommen, aber auch das ist nicht überwältigend oder stürmisch, sondern von einer Art Stille begleitet, von dieser Sicherheit, dass gerade etwas in Ordnung kommt. Unser Atem mag jetzt tief sein, und wir spüren uns intensiv in unserem ganzen Körper. Jetzt ist es schön, da zu sein und zu leben. In diesem Moment gibt es keinen Krieg mehr, keinen Zweifel und keinen Mangel. Alles in uns ist okay. Es gibt auch nichts zu denken oder wenn, dann stört es uns nicht. Wenn wir eine solche Arbeit machen und in dieser Weise etwas Ungehörtes ans Licht bringen, haben Vergangenheit und Zukunft keine Bedeutung, die Gegenwart genügt, und wir genießen uns selbst in dem, wie wir jetzt da sind. Es ist der Genuss an unserer Empfindungsfähigkeit, an unserer Tiefe und Lebendigkeit einer Gegenwärtigkeit, die von selbst trägt. Diese Gegenwärtigkeit ist gerade nicht durch Anstrengung zu erreichen, wie etwa wenn wir uns dazu zu disziplinieren versuchen, mit all unseren Sinnen ganz im Hier und Jetzt zu sein.

Danken und Abschluss

Wenn wir eine solche Erfahrung machen dürfen, dann fühlen wir, dass ein Teil von uns, der lange nicht gehört worden und der in einer traumatischen Situation stecken geblieben ist, zu uns zurückgekehrt ist. Das, was damals gefehlt und was dieser Teil seitdem immer wieder gesucht hat, ist nun hinzugekommen, sodass dieser Teil den nächsten Schritt tun kann. Er gehört zu uns, sein Schicksal ist ans Licht gekommen und zu unserem geworden. Dieses Gefühl der Aussöhnung am Grunde unserer Existenz wollen wir genießen und auskosten. Vielleicht fühlen wir uns auch erschöpft, wohlig erschöpft, wie wenn man etwas Großes geleistet hat. Sich ins Bett zu legen, einen Spaziergang am Fluss zu machen, das mag jetzt das Richtige sein. Zuvor können wir uns bei den Teilen und unserem Körper für das bedanken, was sie uns gezeigt haben. Dieser Dank ist nicht aufgesetzt, sondern empfunden, dennoch sollten wir ihn bewusst ausdrücken, wir können diesen Dank wieder in Form eines Satzes in unseren Körper schicken. Dann nehmen wir uns noch etwas Zeit, bis wir unsere Augen öffnen. Diesen Übergang, wo wir das Außen wieder in unsere Wahrnehmung miteinbeziehen, können wir ganz sanft begehen. Wenn wir die Augen öffnen, legen wir vielleicht eine Hand auf unseren Bauch und bleiben mit dieser Tiefe in Kontakt, signalisieren unseren Anteilen, wir bleiben da, wir halten den Kontakt, auch wenn wir wieder mit der Außenwelt interagieren.

Dieses Beispiel demonstriert, wie sich die Technik im Prozess auflöst. Es gibt einen Umschlagpunkt, wo wir ganz in den Prozess eintauchen und automatisch das Richtige tun. Die Technik, die einzelnen Schritte, helfen uns, den Boden für diesen Aussöhnungsprozess zu bereiten – er findet dann statt, wenn wir bereit sind, uns treffen zu lassen. Bereit sind wir, wenn wir unsere Einwände anerkannt und gehört haben, dann ist der Weg für das Darunterliegende frei.

Übung 2: Der innere Kindergarten

Der innere Kindergarten ist eine Übung, die ich vor langer Zeit entwickelt und beibehalten habe, weil ich sie für ein sehr mächtiges Werkzeug halte, recht zügig den Raum der Erlaubnis wiederzugewinnen. Ich selbst führe sie immer noch beinahe täglich durch. Optimalerweise schalten wir den Körperkontakt vor, und anstatt die Einladung, was sich zeigen und spüren lassen möge, in den Körper zu schicken, gehen wir mit der Vor- stellung in unseren Bauch, dort und in unserem ganzen Körper befinde sich ein innerer Kindergarten. Und ganz so, wie morgens, wenn die Kinder in den Kindergarten gebracht werden und ein heilloses Chaos herrscht, und erst dann Ruhe einkehrt, wenn alle Kinder begrüßt und in ihrem Sosein anerkannt worden sind, genauso verfahren wir mit allem, was in uns gerade lebendig ist.

Alles, wirklich alles, was in uns auftaucht, betrachten wir nun als ein solches inneres Kind; wir können sagen, da ist ein Kind, das hat keine Lust, irgendetwas zu tun, hier ist ein Kind in mir, das fühlt sich traurig, dort eines, das möchte am Liebsten sofort nur noch im Bett liegen, aha, hallo, du bist in mir da, ich nehme dich wahr. Hier ist ein Ziehen im linken Bauch, ah, hallo, du bist in mir da. Wir können in dieser Weise jede Empfindung, jedes Gefühl, jeden Gedanken als eine solches Kind in unserem Inneren adressieren; wir können sie auch mit unseren Namen anreden und ein „klein" davor setzen: Da ist zum Beispiel gerade ein kleiner Mike in mir, der fühlt sich angestrengt. Wir sind heute morgen zu früh aufgestanden, sagt er, jetzt packen wir den Tag nicht mehr. Ja, hallo, ich höre dich. Du bist in mir. Jetzt merke ich, wie angestrengt sich dieser kleine Mike fühlt, und dass er eine vage Angst in sich trägt. Jetzt spüre ich die Angst in meinem Körper, ein loses, irgendwie aufgelöstes, auflösendes Gefühl in meiner rechten Bauchseite. Kaum spüre ich hier auf der Empfindungsebene hin, wie es sich exakt im Körper anfühlt, öffne ich mich nach unten und merke, wie sich etwas löst. So können wir einerseits jeden Gedanken und jedes Gefühl als ein neues inneres Kind betrachten oder wir nehmen einen Gedankenkomplex, spüren nach, welches Gefühl dahintersteckt und spüren dann, wie sich die dahinterstehende Empfindung genau anfühlt. Es läuft auf dasselbe hinaus: Wir adressieren alles, was in uns wahrnehmbar wird, und in der Regel fangen wir auf Gedanken-Ebene an, kommen in die Gefühle, und gelangen bald in das Reich unserer Empfindungen.

Bei dieser Übung gewinnen wir Stück für Stück immer mehr den Raum der Erlaubnis. Auch wenn wir akut in einem Konflikt stecken und geladen sind, kann diese Übung ausgesprochen hilfreich sein, aus dem Krieg unserer inneren Teile herauszukommen: Dann wird aus dem Entweder – Oder ein Und. Zum Beispiel: Ich habe diesen Jungen hier, der wütend ist, und ich haben diesen anderen Jungen in mir, der Angst hat.. Aha, ja, die beiden sind in mir da. Und wie sich das anfühlt, mit beiden gleichzeitig in meinem Körper da zu sein ...

C. Weiterführendes Angebot

I: Ein Kurs in Radikaler Erlaubnis
II: Bücher
III: Seminarvideos
IV: Radikale Erlaubnis Demonstration
V: Eintauchen in das, was ist: TV-Interview

I. Ein Kurs in Radikaler Erlaubnis

Radikale Erlaubnis *inTrance*

Nach zehn Jahren Seminararbeit transformiert Mike Hellwig den gesamten Prozess der Radikalen Erlaubnis in eine hypnotische Tiefenerfahrung. Dieser hochwertig produzierte audiovisuelle Trance-Kurs (2021) baut auf den Büchern des Radikalen Erlaubnis Projekts auf und soll ermöglichen, die Haltung einer Radikalen Erlaubnis tief im Unterbewusstsein zu verankern.

Trance I „Dein Körper" bildet die Basis der Radikalen Erlaubnis und eignet sich zu einem Einstieg sowie zum Testen, ob man tiefer einsteigen möchte.

Trance 2 (und die folgenden drei Trancen) bauen auf dieser Erfahrung auf und arbeiten intensiv mit den Wunden der Kindheit. Daher wenden sich die Trancen ab Stufe 2 an Menschen, die sich in der Tiefe auf eine Radikale Erlaubnis von allem, was in ihnen ist, einlassen möchten.

Hinweis:

Ein hypnotischer Trance-Kurs wirkt auf das Unterbewusstsein. Daher geht es in den einzelnen Trancen weniger darum, etwas zu verstehen und verstehen zu wollen, sondern sich zu entspannen und einer Erfahrung hinzugeben. Für ein integrierendes Verständnis stehen die drei Bücher des Radikalen Erlaubnis Projekts zur Verfügung, sowie die Videos der Seminararbeit und Mike Hellwigs Demonstration einer Einzelarbeit.

Weitere Informationen: www.radikale-erlaubnis.de

II. Bücher: Das Radikale Erlaubnis Projekt

Band 1: Radikale Erlaubnis
Energetischen Missbrauch erkennen und beenden *(2014)*
Auch als Hörbuch erhältlich.

Sich erlauben, absolut echt zu sein!
Das ist die Essenz der Radikalen Erlaubnis – einer Methode, die Mike Hellwig in seiner langjährigen therapeutischen Arbeit mit dem inneren Kind entwickelt hat. Sie besteht darin, jeden Gedanken, jedes Gefühl und jeden Konflikt unzensiert anzuerkennen.

In diesem ersten Buch seines groß angelegten Radikale Erlaubnis Projekts auf dem Weg zu einem Menschen, der sich vollumfänglich zu seiner Verwundung bekennt, gewährt der bekannte Therapeut einen rückhaltlosen Einblick in seine einzigartige Arbeit. Er leitet dazu an, den energetischen Missbrauch, den wir in unserer Kindheit erfahren haben und seitdem mit uns selbst und anderen betreiben, zu beenden. Er demonstriert, wie sich jede Neurose auflöst, wenn wir für unser Bauchgefühl eintreten und bekennen, was wirklich in uns lebendig ist.

„So knallhart unter dem Zwerchfell zu bleiben und sich nicht zu verstricken, ist eine Qualität, die entsteht, wenn wir uns erlauben, jeden Gedanken, jedes Gefühl, ja überhaupt jede Wahrnehmung als ein inneres Kind zu behandeln."

Band 2: Traumaheilung durch Radikale Erlaubnis
Mein Leben mit Trauma und meine Therapie der Radikalen Erlaubnis *(2016)*

Band 3: Radikale Kreativität
Befreie deine schöpferische Energie *(2017)*

„Wenn wir ans Licht bringen, womit wir in Wahrheit ringen, heilen alle Wunden, die uns je zugefügt worden sind."

In diesem Buch leitet Mike Hellwig zu dem entscheidenden Schritt an, unser inneres Kind unzensiert durchkommen zu lassen – und die gewaltige schöpferische Kraft zu entfesseln, die in uns verborgen liegt. Im dritten Band seines groß angelegten Radikale Erlaubnis Projekts auf dem Weg zum Menschen, der sich vollumfänglich bekennt, ermutigt Mike Hellwig voller Begeisterung dazu, unser Innerstes ans Licht zu bringen und auszudrücken. Der bekannte Therapeut und Schriftsteller gibt genaue Instruktion, wie wir unseren inneren Kritiker zu unserem Freund machen und dadurch automatisch in einen Schaffensprozess hineinkommen, der Spaß macht, tiefste Freude bringt, der uns dazu anregt, unserem Drama ins Gesicht zu lachen und wieder zu spielen. (Überarbeitete und ergänzte Neuauflage von Die Kraft deines inneren Kindes.)

Vorarbeiten:

**Wie wir uns vom positiven Denken heilen:
Über die Freiheit, alles fühlen zu dürfen**
(2012, Verlag Herder)

**Befreie dein inneres Kind: Wie Sie sich selbst geben,
was Ihnen Ihre Eltern nicht gaben**
(2011, Verlag Herder; 2007, Lüchow Verlag)

III. Seminarvideos

Mike Hellwig stellt die „Radikale Erlaubnis" in Videos aus zehn Jahren Seminararbeit (2010 – 2020) auf Vimeo zur Verfügung.

IV. Radikale Erlaubnis Demonstration

Dieser Lehrvideokurs zeigt Mike Hellwig in der Einzelarbeit mit einer Seminarteilnehmerin: In seinem typischen Humor demonstriert und kommentiert Mike Hellwig die einzelnen Schritte der Radikalen Erlaubnis. Im Verlauf dieses Prozesses arbeitet er außerdem mit einem Teil, den zwar jeder hat, aber häufig tabuisiert: Einen Teil in uns, der sterben möchte.

V: Eintauchen in das, was ist – TV-Interview

3-teiliges Interview über Mike Hellwig und die Radikale Erlaubnis

Alle Informationen auf: www.radikale-erlaubnis.de

D. Literaturverzeichnis

Allione, Tsültrim: Den Dämonen Nahrung geben, Arkana: München 2013

Assadi, Abdi: Shadows on the path, Publicide Inc., 2011

Bradshaw, John: Wenn Scham krank macht, Knaur: München 2006

Burroughs, William S.: Junky, Penguin 2012

Dostojewskij, Fjodor M., mit Swetlana Geier: Die Brüder Karamasow, Fischer: Frankfurt a.M. 2006

Gendlin, Eugene T.: Focusing-orientierte Psychotherapie: ein Handbuch der erlebensbezogenen Methode, Pfeiffer: München 1998

Ebd.: Dein Körper – Dein Traumdeuter, Otto Müller Verlag: Salzburg 1998

Ebd.: Focusing, Rowohlt: Reinbek 2004

Ebd.: Focusing in der Praxis (mit Johannes Wiltschko), Pfeiffer: Stuttgart 2004

Ebd.: Focusing und Philosophie (Hrsg. Johannes Wiltschko), Facultas: Wien 2008

Heller, Laurence: Entwicklungstrauma heilen, Kösel: München 2013

Hellwig, Mike: Befreie dein inneres Kind, Lüchow: Stuttgart 2007

Ebd.: Die Kraft deines inneren Kindes, Lüchow: Stuttgart 2009

Ebd.: Wie wir uns vom positiven Denken heilen, Herder: Freiburg 2012

Ebd.: Radikale Erlaubnis: Energetischen Missbrauch erkennen und beenden, CreateSpace, 2014

Jung, Carl Gustav, mit Aniela Jaffé: Erinnerungen, Träume, Gedanken, Walter: Freiburg 1971

Kafka, Franz: Sämtliche Werke, Deutscher Literaturhaus-Verlag 2011

Levine, Peter A.: Trauma-Heilung, Das Erwachen des Tigers, Synthesis: Essen, 1998

Ebd.: Vom Trauma befreien, Kösel: München 2007

Ebd.: Kinder vor seelischen Verletzungen schützen, Kösel: München 2010

Ebd.: Verwundete Kinderseelen heilen, Kösel: München 2011

Ebd.: Sprache ohne Worte, Kösel: München 2012

Mason, Paul, mit Randi Kreger: Schluss mit dem Eiertanz: Für Angehörige von Menschen mit Borderline, Balance Buch: 2009

Masters, Robert Augustus: Darkness shining wild, Tehmenos Press, Ebook 2009

Ebd.: Spiritual Bypassing, North Atlantic Books, Berkeley 2010

Ebd.: Transformation through Intimacy, North Atlantic Books: Berkeley, 2012

Ebd.: Emotional Intimacy, Sounds True: Boulder 2013

Ebd.: Meeting the Dragon, Masters: Ashland 2013

Ebd.: To Be a Man, Sounds True: Boulder 2015

Meister Eckhart: Deutsche Predigten und Traktate, Diogenes: Zürich 1977

Miller, Henry: Mein Leben und meine Welt, Rowohlt: Reinbek 1974

Ebd.: Wendekreis des Steinbocks, Rowohlt: Reinbek 1980

Ebd.: Meine Jugend hat spät begonnen, Rowohlt: Reinbek 1993

Osho: Autobiografie, Ullstein: Berlin 2007

Ebd.: Das Buch vom Ego, Ullstein: Berlin 2008

Ebd.: Emotional bewusst, Arkana: München 2008

Ebd.: Mut, Ullstein: Berlin 2008

Ebd.: Bewusstsein, Ullstein: Berlin 2009

Rajneesh, Bhagwan Shree: Mein Weg: Der Weg der weißen Wolke, Herzschlag: Berlin 1978

Reich, Wilhelm: Charakteranalyse, Kiepenheuer und Witsch: Köln 2009

Ebd.: Die Funktion des Orgasmus: Die Entdeckung des Orgons, Kiepenheuer und Witsch: Köln 2009

Rösel, Manuela: Wenn lieben weh tut, Starks-Sture: 2010

Roth, Kimberlee: Surviving a Borderline Parent, New Harbinger 2005

Rosenberg, Marshall B.: Gewaltfreie Kommunikation. Eine Sprache des Lebens, Junfermann: Paderborn 2007

Schwarz, Richard C.: Systemische Therapie mit der inneren Familie, Klett-Cotta: Stuttgart 2007

Ebd.: Das System der inneren Familie, Books on demand: Norderstedt 2008

Szomoru, Sonja: Borderline brach herz, Starks-Sture: 2005

Tolle, Eckhart: Leben im Jetzt, Arkana: München 2002

Ebd.: Stille spricht, Arkana: München 2003

Ebd.: Eine neue Erde, Arkana: München 2005

Ebd.: Jetzt! Die Kraft der Gegenwart, Kamphausen: Bielefeld 2010

Trobe, Thomas: Liebeskummer lohnt sich doch, Koregaon, Verlag Friedhelm Schrodt: Herrsching 2003

Ebd.: Liebe ist kein Kinderspiel, Koregaon, Verlag Friedhelm Schrodt: Herrsching 2006

Ebd.: Wenn Sex intim wird, Innenwelt Verlag, Köln 2008

Weiser Cornell, Ann, mit Barbara McGavin: The Focusing Student's and Companion's Manual, Part One and Two, Caluna Press: Berkeley 2002

Ebd.: The Radical Acceptance of Everything, Caluna Press: Berkeley 2005

Wolinsky, Stephen: Trances people live, Bramble Books 1991

Ebd.: Die dunkle Seite des inneren Kindes, Lüchow: 1995 Bielefeld

Ebd.: The way of the human, Volume 1, Quantum Inst.: Capitola 1999

Ebd.: The way of the human, Volume 2, Quantum Inst: Capitola 1999

Ebd.: Intimate Relationships: Why They Do and Do not work, Quantum Inst.: Capitola 2000

Ebd.: Beginners Guide to Quantum Psychology, Quantum Inst.: Capitola 2000

www.ingramcontent.com/pod-product-compliance
Lightning Source LLC
Chambersburg PA
CBHW030428290526
45786CB00001B/188